SILENT AND SOFT

润物细无声

——婴幼儿灵性绽放引导

侯依汝 著

西安交通大学出版社
XI'AN JIAOTONG UNIVERSITY PRESS
国家一级出版社
全国百佳图书出版单位

图书在版编目（CIP）数据

润物细无声：婴幼儿灵性绽放引导 / 侯依汝著 .—西安：西安交通大学出版社，2023.1

ISBN 978-7-5693-2838-7

Ⅰ. ①润⋯ Ⅱ . ①侯⋯ Ⅲ . ①儿童教育 Ⅳ . ① G61

中国版本图书馆 CIP 数据核字（2022）第 195146 号

书　　名 润物细无声——婴幼儿灵性绽放引导
RUN WU XI WU SHENG YINGYOUER LINGXING ZHANFANG YINDAO
著　　者 侯依汝
责任编辑 韦鸽鸽
责任校对 张静静
封面设计 任加盟

出版发行 西安交通大学出版社
（西安市兴庆南路 1 号　邮政编码 710048）
网　　址 http://www.xjtupress.com
电　　话 （029）82668357　82667874（市场营销中心）
（029）82668315（总编办）
传　　真 （029）82668280
印　　刷 陕西金德佳印务有限公司

开　　本 889 mm × 1194 mm　1/32　**印张**　7　**字数**　116 千字
版次印次 2023 年 1 月第 1 版　2023 年 1 月第 1 次印刷
书　　号 ISBN 978-7-5693-2838-7
定　　价 49.00 元

如发现印装质量有问题，请与本社市场营销中心联系、调换。
订购热线：（029）82665248　（029）82667874
投稿热线：（029）82665249

作者寄语

亲爱的读者朋友们，很荣幸以这种方式和大家见面。我从事基础教育工作这些年，对教育有了一些深入的探索与思考。在不断成长的过程中，我通过自我剖析及对成年人现状的反观，感悟生活、感悟人性、感悟生命，并通过时光隧道，追溯到我的婴幼儿时期。也许，教育的本质就是为了唤醒每个人原本具有的天赋灵性；也许，教育的实施就是为了找到隐藏在每个人身体内的特殊使命；也许，教育的目标就是为了引领人类生活得更加幸福美好。

一个真正受过教育的人，不一定拥有巨额财富，但一定懂得创造美好的生活。一个真正受过教育的人，不一定具有顶尖学历，但一定领略过生命存在的意义。

每本书都是作者通过自己的学习、思考、阅历及观察到的现象于当下的时间节点所表述的文字。虽然它并不能涵盖全部的真理，也可能会存在一定的局限性。但文字中所体现出的观点、境界会给读者提供一个非常好的参考。也许我们并不能直接对话，但是在字里行间，总希望能够带给大家爱与智慧的启迪。

请允许我借用这个机会，感恩正在读本书的你，是你们，让我拥有隔空对话、传递教育的机会。同时也对人生旅途中关心支持我的所有人表达感恩之情！感恩我的家人，你们的养育和栽培让我带着温暖的爱与力量无惧生活中的狂风骤雨，全然绽放人性的光芒。感恩我的所有老师，你们的悉心教导，让我收获知识，多多思考。感恩我的同事和朋友，你们的陪伴，让我感受同心同德、荣辱与共的纯粹与美好。感恩业界的前辈与同仁，你们的鼓舞，给我不断进步、精益求精的态度与力量。

为了人类的下一代，让我们和谐一致，唤醒每一个生命的天赋灵性，支持每一个生命的极致绽放！

（一）

2020年年末，电影《心灵奇旅》上映。影片讲述了热爱爵士乐、不懈追逐梦想的中学音乐老师乔伊，最终获得梦寐以求登台演奏的机会。因为意外事故，乔伊的肉体几近死亡，而灵魂却误入了一个人类经验之外的奇幻之境……

他进入了一个名为心灵学院的地方，这里有一个个即将通往地球的小灵魂。心灵学院的院长介绍说：小灵魂在出生前都会获得独一无二、富有特色的人格，它们有的很内向、好奇心强，却胆小怕事；有的爱生气又不搭理人，对危险的东西特别好奇；有的狂妄自大、挑拨离间，而且见利忘义。但所有的小灵魂都缺了一样东西，那就是生命的“火花”，只有先找到火花，才能拿到通往地球的通行证，乔伊就是帮助小灵魂寻找“火花”的导师。

他和自己辅导的小灵魂在寻找火花的过程中，见到了篮球场打篮球的运动员，制作很多美食的厨师，救火现场穿着消防服的消防员，整理书籍的图书管理员，还看见那些因为放不下执念，负面能量缠绕，心灵与当下的生活失去了连接，从而变得失魂落魄的黑色大怪物……

看完整部影片，我不由自主地联想到了千千万万的孩子。影片中的小灵魂们寻找的生命火花和孩子们与生俱来的天赋何其相似，每个孩子来到这世界上都是独一无二的，如果我们以爬树的能力来判断一条鱼的能力，这条鱼将一辈子相信自己是个笨蛋。而我们很多家长，不仅让“鱼”去爬树，还让他爬下来参加长跑比赛。我不知道有多少孩子成了那条鱼……我也联想到千千万万的大人，有多少人像影片中的黑色大怪物，没有精神自由流淌的空间，心灵与当下的生活失去连接，迷迷糊糊，失魂落魄，领略不到生活乃至生命的意义到底是什么……

（二）

2018 年，我还在新加坡留学，周末和两名同学相约去印度尼西亚游玩，我们选择住在大海旁的一栋房子里，走出房间的玻璃门，看到的便是一片茫茫大海。那一刻，我的身体仿佛是一座静止的雕像，大脑也关闭了一切思考，全身心地沉醉在大海母亲的怀抱中。我眺望着远方，也许那会儿是沉醉，是空灵，现在也说不清了。在与大海融入的过程中，我强烈地感受到人类本身、天空和大海是一体的，也强烈地感受到宇宙生命存在的美好。

2020年伊始，新冠肺炎疫情来袭，面对病毒的蔓延，各国采取相对应的措施，共同抵抗这场袭击全人类的疫情。持续蔓延的疫情，让无数人的生命画上了句号，令人无比痛心。我们不得不深思，也不得不承认，人类在病毒面前如此弱小，很难想象如果地球频发这样的事件，人类将怎样生存下去！对于疫情，我们需要在很多未知的领域不断探索。病毒虽然可以毁灭一个人的生命，但是不能毁灭人类的精神和人性的光辉。有限的生命虽然短暂，但是人性的光辉却可以照亮一切，也许这就是生命的意义所在。

疫情的暴发让我们不只要众志成城控制疫情，更要从教育的层面去倡导一种对宇宙生命体的敬畏之心、慈悲之心。

疫情期间，很多行业陷入阶段性停滞状态。教育行业也受到了很大的影响，中小学和大学延迟开学，学生们在家自学或者接受线上授课。在放慢的脚步中，人们有更多的时间去思索生活以及生命的意义，重新审视和亲人之间的关系以及相处的模式。过去，大部分人的生活是这样的，把追求经济效益作为自己生活的重中之重，像一个疯狂的机器人一样工作，以至于没有更多的精力关注和思考自己的家庭生活。不可否认，这是历史发展的必然，也是时代的烙印。

居家隔离时期，小孩子非常喜欢这种和父母每日相伴的感觉，亲子关系也会更稳固。因为在他们幼小的心灵深处，父母就是他们的整个世界。夫妻之间平时很少交流互动的，在 24 小时不分离的状态下，也会重新调整自己的心态，一家人好好说话，一家人一起吃饭，珍惜与家人相处的时光，让家里充满爱与理解，让夫妻感情进一步升温。但无论怎样，亲情是最值得我们用生命去付出和体验的，也是最值得我们用生命去守护的。

偶然的背后暗藏着必然，突发的疫情推动着人类的集体觉醒。让精神文明引导物质文明，从而使我们获得真正的幸福感，而教育的最高智慧就是帮助孩子奠定幸福的人生！

——依汝

（三）

随着社会的不断发展，人类的生活方式也不断地发生着改变。我们需要不断更新观念，迎接和适应新的生活方式和思想，以便适应不断发展的新世界。新的教育理念的普及，会给人们机会去感受新思想，感受新的生活方式所带来的不一样的体验。

对于未来，我们都有美好的期待。22 岁那年，我做了人生中的第一个重大决定，同学们在毕业前忙碌地联系单位去实习，我却为自己的人生选择了创办幼儿园这样一条任重而道远的教育之路。

毕业之前，我已完成了园所装修，教职工招聘，并招收了第一批幼儿。幼儿园开园以来，得到良性发展，而我也走过了十余年的教育之路，先后有 5000 多名幼儿接受过培养，上万名家长接受过培训。十余年间，我零距离地接触到很多家长。在和家长们探讨育儿经验时，我发现家长们虽然了解很多育儿知识，但是并没有系统化的实施步骤；家长虽然望子成龙心切，但并不知道究竟该为孩子做些什么。往往是各有各的担忧，各有各的焦虑。作为一名教育工作者，我有责任也有义务指引更多的家长以更好的理念及方法教育孩子。

经营幼儿园期间，我抱着向业内前辈学习的态度，受邀加入了北京一家教育集团的导师团，和他们一起为其他省市的托育机构、幼儿园做师资和管理培训。在给他们培训的过程中，我深刻认识到，教育从业者的素质和专业技能对于教育的实施是一件多么重要的事情！

2017 年，我选择在事业的繁华处转身，继续回归到学生的身份去学习、去思考、去沉淀。我申请了新加坡 PSB 学院，新加坡的学习和生活带给我很多关于教育的思考，让我更加坚定学校是培养人才的场所，而家庭则是养育人性的地方。后来我又申请到得克萨斯大学阿灵顿分校去深造，从跨学科的角度拓宽认知，从而更好地审视教育。我不知道自己是被什么力量推动着向前走，也许是一种使命感，也许是为了圆自己的一个梦，我也说不清，总之就这样坚持着。

每一个孩子背后都有一个家庭，透过孩子，我们大致可以看到他的家庭。透过每一个家庭，我们大致也能看到孩子的未来。

——依汝

（四）

2021年，中国放开了“三孩”政策，教育也将迎来全新的局面。“双减”政策让孩子们有更多的时间发展素质教育，培养艺术才能，开展个性化教育。《中华人民共和国家庭教育促进法》的实施也推动了家庭教育回归教育的主体地位。这对于中国普通民众来说，不仅是机遇，更是挑战。随着时代的发展和人类意识的进步，我们逐步提升教育理念，以人为本。国家把提升孩子的人文素养和全面发展作为教育改革的发展目标，让孩子们不再单纯地追逐高分，而是扩大职业教育的发展途径与就业机会，以及提供多元化的教育方式，为孩子们的发展提供更多的机会，也为中国的更加强大奠定良好的基础。

任何一个国家的强大程度都跟教育实力息息相关。中国的未来怎么样，要看我们今天的教育，因为经济竞争最后的落脚点就是教育的竞争。经济竞争的本质在于创新因素，创新竞争的本质在于人才因素，人才竞争的本质在于教育因素。

印度是拥有大学数量最多的国家，有 8410 所大学。印度高等教育的目标是培养精英人才，他们在基础教育方面是不太注重学生的学习成绩，而是提倡孩子全力参与，要求学生做到全力以赴。在国际舞台上，印度的人才越来越受欢迎。权威杂志曾经统计过，在世界 500 强企业当中，有 30% 的企业 CEO 是由印度人担任的。在哈佛商学院的近 200 名教授中，有 20 多位印度裔教授。

犹太人也非常重视教育，他们培养孩子从小读书。我记得曾经针对家长做的一场培训讲座，内容就是犹太人在书上涂抹蜂蜜，让年幼的孩子用嘴巴去舔书上的蜂蜜，从而让孩子在很小的时候就具备一种意识——书本是甜的，所以犹太人是非常喜欢读书的。而且他们也非常鼓励提问，孩子放学回到家中，家长们很想知道自己的孩子今天向老师提了什么问题，获得了哪些质疑和思考。他们认为，好的问题胜过好的答案。一项数据显示，自诺贝尔奖设立以来，得过诺贝尔奖的人数为 770 人，犹太人占 154 人。在犹太人的认知中，整个民族活跃的舞台不是“国家”，而应该是“世界”。

以色列重视基础教育，培养孩子开放式的思维，重视孩子的心理健康发展。截至目前，我国著名的三位诺贝尔奖获得者，分别是杨振宁（于 1957 年获诺贝尔物理学奖），莫言（于 2012 年获诺贝尔文学奖），屠呦呦（于 2015 年获诺贝尔生理学或医学奖）。这与中国 14 亿的总人口相比较，比例实在太低。所以，中国人不仅应该继承和发扬中国文化的精神价值，也应该学习他国的教育精髓，用广泛性的目光看待教育，用多元化的思维理解教育，在教育中践行先进思想和理念。只有这样，我们才能不断进步，立足社会对人才的本质需求，培养出面向未来的、适应终身发展的出类拔萃的人才，为中国的更加强大奠定良好的基础。

从古到今，人类之所以重视教育，就在于它是面向未来的事业，是引领未来生活方式的根基。

——依汝

几年前，在全球21个受调查的国家中，中国孩子的想象力排名较靠后，创造力排名也较靠后。过去，一说起教育，我们首先想到的就是竞争、排名、分数、死记硬背式的应试教育。在应试教育的机制下，家长、孩子、老师都为了拼分数而努力，压力非常大。

国际学生评估项目（PISA）是一项由经济合作与发展组织（OECD）进行的15岁学生阅读、数学、科学能力评价研究项目。在这个测试中，中国的学生对复杂情境进行数学建模和运用抽象符号的能力远远超过西方国家。但在2015年的测试中，中国学生的生活满意度自评得分在全世界排名却较靠后。这个现象一定要引起我们的警觉。如果我们的孩子能力超群，但是生活满意度很低，心理亚健康，难以想象他们长大以后，会是什么样的。据统计，青少年患抑郁症的数量逐年上升，并且出现明显的低龄化趋势，这个现象若不加以重视，对孩子未来生活的影响将会非常大。

不只要看懂孩子的世界，更要达到感知孩子的层面，感知他们的身体，感知他们的头脑，感知他们的内心，这才是教育的灵魂所在！

——依汝

成长的骄傲

我的骄傲
倔强得像天上的繁星
任凭时间的消逝
我依然织起星座
给每一个懵懂的童年
讲述那银河的绵长……

我的骄傲
倔强得像天上的繁星
那明亮的光芒，
是我不断增长的能量
闪耀是我的使命
黑暗成了衬托
也是不可或缺的
背景墙

目　录

第一章　如何唤醒孩子的精神潜能

一、不理解生命，教育无从谈起

爱因斯坦晚年对教育有过许多论述，其中有一句话说出了教育的本质："应该反对把个人当作无生命的工具一样对待，学校应该永远以人为目标，学生离开学校时是一个和谐的人，而不是一个专家。"作为一名举世瞩目的科学家，他对教育的定义并不仅仅是学习知识，而是受教者在学校通过学习，对其思想、性格、行为本身所进行的好的影响，并呈现出身心和谐、情感健康、知识丰富的状态。我国的教育家孔子也说过类似的话："君子不器。"意思是说君子绝对不能把自己当作一个器物而存在，不能只是一才一艺，而应该体用兼备。

中国的少年儿童经常在奥林匹克专业课竞赛中取得好的名次，但是我们却很少获得诺贝尔奖。少年儿童的学习方式有时只靠记忆以及熟能生巧，但是成年人的学术与工作却需要高度与优越的创造性才能做出卓越的成绩。那些小时候把学习成绩放在第一位的人承担了来自家长和学校老师的巨大期待和压力，他们如同负重前行的挑夫，一步一步挪上了知识的顶峰，却隔绝了自己和现实生活的连接，从而失去原本的生命力。这样的人在成年后很难取得大的成就。甚至有的人心里会产生一些填不满的黑洞和负能量，并且要他们用一生的时间去治愈。这样的人数多了，自然而然就成了我们整个民族的担忧。

诗人纪伯伦在一首散文诗里对孩子的生命做了这样的描写：

你的儿女其实不是你的儿女，

他们是生命对于自身渴望而诞生的孩子。

他们借助你来到世界，却非因你而来，

他们在你身旁，却并不属于你。

你可以给予他们的是你的爱，却不是你的想法，

因为他们有自己的思想。

你可以庇护的是他们的身体，却不是他们的灵魂，

因为他们的灵魂属于明天，属于你做梦也无法到达的明天。

…………

世界上每一个孩子都是独立的个体，同时他也是一个独立的社会人。他们有自己的思想，会通过家长所提供的各种机会，用自身的实际行为获取经验，并最终形成知识。在孩子成长的道路上，家长需要做的仅仅是引导，提供给他们舒适的环境和氛围。在孩子发展的过程中，我们每一个成年人都应该给予孩子开放式的尊重和自由，放弃对孩子们的支配，让他们多一点选择权，少一些溺爱；让他们多一些锻炼，少一些包办；让他们拥有独立的学习能力，少一些担心；培育他们的冒险精神，淡化高分或状元情结……正如教育家 W.A. 怀特所言："教育不是为了教人谋生，而是教人创造生活"。

每一个成年人都是从孩子成长起来的，只是很多人会遗忘了童年，慢慢地丢失了灵性，机械地奔波在人潮涌动、川流不息的世界里，用疲惫和焦虑诠释着成年人的不易，常常忘记了生活的本真。不论物质生活是富足的还是贫困的，精神世界是丰盈的还是匮乏的，生命对于每一个人来说都是平等的，没有一个人能够逃脱最终的归宿。也许人们从来不惧怕那终将到来的死亡，而是遗憾在生命的最后一刻，居然发现自己从未活过。疫情封城期间，我志愿参加抗疫工作，这项工作让我又一次体验到了不确定性，更加深刻地感悟到了生命的意义。人生原本就是一场旅行，我们活着的每一秒都是在享受，享受生命中的每一次体验。我们活着的每一秒都是在创造，创造属于我们每个人的幸福生活。我们活着的每一秒都是在绽放，绽放作为一个人的生命本质。如果人生只是单纯地把外在的物质当成内心的唯一目标，过度地扩大物质对于人生的重要性，像一个工具人一样马不停蹄地奔跑在追逐物质的路上无法自拔，那么，即便得到了那些东西，你不仅不会快乐，还会在生命走到尽头的时候痛苦地明白，混混沌沌了几十年，还没领略到生活乃至生命的意义，却在死亡来临时，什么都带不走。而且还会通过生命影响生命，潜移默化地把这种模式传递给自己的孩子，让孩子也循环到这种“工具人”的人生模式当中……事实上，现实和精神融为一体的生命状态，才是人生真正的起跑线！

生命是宇宙和父母共同赐予的礼物，它经由父母而来，却不是被父母掌控的借口，它需要全然地绽放。

——依汝

二、教育起步越早越好

对孩子的教育，越早开始越好。一位英国妇女望女成凤，抱着自己的孩子去请教达尔文。她说："达尔文先生，您是世界上著名的大科学家，我想请问您，我的孩子什么时候开始教育好呢？"达尔文问："您的孩子多大了？"那位妇女说："她还小呢，才两岁半。"达尔文听后叹口气说："唉，夫人，您教育孩子已经晚了两年半了。"教育从孩子一出生就开始了，只是教育的方式有所不同。

古今中外的名人，基本上都是在三四岁就开始识字阅读了。鲁迅先生 5 岁起就开始博览群书，青少年时代就对中国传统文化有极高的素养。郭沫若 3 岁识字，常常口诵诗文，7 岁就会作诗。德国诗人歌德 4 岁前就能识字读书，

8 岁精通法、德、意、拉丁文和希腊文等语言。他们的共性在于都拥有良好的家庭培养氛围，早早地都被唤醒了天赋灵性，都遵循了 3 岁之前神经系统加速发展的规律，从而成就了他们的人生。

人类是带着与生俱来的天赋灵性降生的，每一个孩子来到这个世界时，并不是一张白纸，他们都携带了隐藏在小身体里的智慧。如果家长不尽早去发现、去唤醒、去培育，孩子们原本具足的天赋灵性就会慢慢凋零，直至消失。比如，天生具备的语言能力不去培养就无法使之得到发展。所以，不要泯灭孩子的天赋灵性，这是生命中最宝贵的东西，失去它，就失去了很多智慧和财富。

著名心理学家布鲁姆经过大量的研究，他发现如果 17 岁的人智力发展水平为 100，那么 4 岁儿童的智力发展水平为 50，8 岁儿童的智力发展水平为 80，剩下的 20 是在 8 岁到 17 岁的 9 年时间里获得的。这说明人在最初 4 年的智力发展等于以后 13 年智力发展的总和，同时也说明幼儿完全拥有接受早期教育的生理基础。对于婴幼儿来说，发展智力和学习知识是紧密结合、相辅相成的。早期实施的教育可以改变大脑的生理结构，越是早期，大脑神经细胞的活动越有效，智力因素的改变也就越明显。

早期教育一定得顺应孩子内心发出的声音，遵循孩子自然生长的规律，同时做到不催花开，避免进入教育早熟期。

——依汝

三、拥抱生命

奥地利心理学家阿尔弗雷德·阿德勒曾说：“幸运的人一生都被童年治愈，不幸的人一生都在治愈童年。”童年构成了人一生中最重要的一部分，童年是一个人成长的关键时期，对人生影响极其深远。一个人一生的生命能量如何，几乎完全是由童年的状态所决定的。一个人成年以后的一切失败，大多可以归咎于在童年时期没有形成良好的心智模式和行为模式，没有受到科学的教育指引。

几乎父母没有不爱孩子的，爱就给他们打下获得幸福的基础，只要给他们一个有爱、有保障、有品质的童年，就等于给了孩子一生幸福的机会。这个珍贵的机会并不是财富和地位，而是让孩子自己具备一种阳光积极的生存能力和生活态度，活出有爱和精彩的一生，这可以被称为拥抱生命的能力。我们在日常生活中所关注的生存能力往往是指处理问题的能力、学习能力、逻辑思考能力等。其实，拥抱生命的能力，才是一个人真正的生存能力。拥抱生命的能力，不是人云亦云，不是形式主义，更不是单纯以获得物质为目的展开的努力。拥抱生命的能力，综合了一个人与世界连接与沟通的能力，体现出一个人的智慧和人性的光辉。拥有这种能力的人才能生出强大的内在驱动力量，才能够在激烈并残酷的竞争中游刃有余，取得最后的胜利。

生命有一条内在流动的血液之河。拥抱生命，让我们的言行最大限度地延展到更多维度和空间，给爱生长发芽的机会。拥抱生命，让很多琐碎的事情有了光彩，并各归其位，蓬勃生长。拥抱生命是生活内在的韵律，就像太阳照亮世界，万物生长，都需要仰仗生命力。拥抱生命才能发现生命的价值，每一件事情都隐藏着生命力的元素与渗透。静听生命的吟唱，在深度的理解中发现和欣赏，在深度的理解中拥抱一切。

每一个来到地球上的婴儿，无论他之前是一个多么自由的精灵，或者一个神奇的灵魂，当他选择来到这里，他就得适应地球上的生活。大多数人认为小孩子是一个无知的、需要呵护与照顾的小宝宝，但是他们身上天生具有一种能力，就是对身边的人和周围的环境有极为敏锐的感知力，并做出正确的反应。他们有能力看穿我们，能清楚地知道我们是怎样的人。我们每一个大人都应该在孩子的智慧面前谦卑下来。

每一个孩子都带着与生俱来的天赋灵性降生，透过他们的眼睛，你能看到天使的世界，本我的状态，他们是人类最智慧的群体！

——依汝

苏霍姆林斯基在《给父母的建议》一书中有这样一段话:“教育孩子需要付出一种特殊的能量，这就是精神力量。我们用爱，父母间的爱，用对人的尊严和对人性美的执着信念去塑造人。”父母的责任是重视孩子心理的成长与发展，除了要保证孩子身体健康，培养和发展孩子的生活技能外，更重要的是要用科学和正确的教育方式促进孩子的心理健康成长，使他们具有高超的心智和灵性，将来才有极大的可能成为伟大的智者和仁者。

我在读工商管理硕士的过程中，老师们除了教授理论知识，更多的会给我们讲很多商业案例，在探讨案例的过程中，老师不止帮助我们分析思考商业逻辑，同时也帮助我们深度理解那些杰出的商业领袖都具备着什么样的品质，拥有着什么样的能力。知识储备从来不是排在最前面的。对他们的成功起决定性作用的，从来都来源于精神支配领域，譬如心智，譬如人格。而精神能量注入的关键期就在婴幼儿阶段。

人的精神真的是一种强大的力量，这种心理力量几乎是无限的。人的身体可以衰老，但精神却永远在成长壮大，从来不会停止，大部分人的精神能量并没有被好好引导，因此只能过着碌碌无为的一生。

每个孩子都可以成为天才，都具备成为伟人的可能。那些成为伟人的人，都是因为具备强大的精神能量，而 0 ～ 6 岁的早期教育，完全可以将人的天赋潜力和精神能量极大限度地唤醒和引导。如果一个民族能够从婴幼儿时期就开始提升民族素质，那么这个民族的未来应该是健康、富足而又充满奇迹的。

四、家长是孩子的能量源

每一位家长都希望自己的孩子在未来能够成为成功的人——事业有成，家庭幸福，也就是我们所说的“望子成龙”。家长给孩子的榜样力量，能够对孩子的精神塑造产生巨大的影响。如果一个人希望自己的孩子善良、勇敢、真诚、坚定，那么他自己就要努力成为这样的人。精神能量是父母给孩子最宝贵的财富，所有的家长都应该相信，要想让孩子幸福和优秀，首先自己要变得优秀，并且要坚持不懈，让自己在有生之年不断成长。精神能量意味着一个人的活力，精神能量高的时候，我们往往表现得精力充沛，对什么事都充满了热情与能量。而当精神能量低的时候，我们往往伴随着沮丧、失落等负面情绪，此时，不管是做任何事，我们都难以表现出积极性来。

当孩子出现问题时，很大程度上是家长出现了问题。如果家长以能量不足的状态和孩子在一起，那么孩子就会更加不安，变得叛逆。因为能量是流动的，是相互影响和干扰的。一些在成长道路上走了弯路，学习成绩落后，以及沉迷于上网、玩游戏、打架斗殴等恶习的孩子，是因为他们的生命力没有在最亲的人那里找到情感的连接和良性循环，他们从父母、从环境那里得到的爱和关注不够，没有得到充足的爱的滋养，所以他们就会出去找心灵的寄托。一些孩子会走上自我教育的道路，但是也有一部分孩子会找到有“毒”的寄托，有可能他们会和坏人在一起打架斗殴，甚至吸毒。要让孩子有安全感，健康快乐地成长，家长就要像满格的手机一样明亮又清晰、安全可靠又随时随地易于发声。

宇宙中最伟大的能量就是生命的能量，生命能量是相互影响、相互干扰的。

——依汝

五、神秘的大脑神经突触

0～3岁，是智力水平发展的黄金期，也是构建孩子一生精神能量的基础。很多青少年甚至一生的问题，大多是这时种下的。3岁以前，从生理学的角度来说，甚至在人的一生中，是大脑神经元与突触激增和削减变化最激烈的时期。孩子刚出生时，突触的数量与成人相比较少，但是2个月后，神经元的突触密度呈几何式增长，至10个月达到高峰，远超成人，然后慢慢开始下降。这个增长和下降的过程就是突触的修剪过程。在这个过程中，经常使用的突触被巩固并保留下来，得不到反复刺激的突触则会被修剪并消失。而突触的数目越多，密度越大，学习能力就越强，智力活动水平也就越高。所以，当一切外在的经验转化为神经活动后，决定了哪些突触可以保留，进而决定大脑以何种方式形成永久的通路。所以，我们可以得出一个结论，大脑认知能力的整体水平由持续的突触修剪期决定。当一个人神经系统的发展达到终身稳定的时候，就说明他的高级认知功能皮层已经发育完善了，而3岁以后，神经系统发展的加速期就已经结束了。

在2个月到3岁之间，人类大脑突触的发育过程有点儿像电影《超体》中女主角露西的经历。毒贩将一种神秘药品藏进她的身体进行走私，可因为意外，药品泄漏进入了露西的身体系统，却使她的大脑发生了突触裂变式的变化与无限链接，从而获得了包括心灵感应、意念实现力、超级记忆力、瞬间吸收知识等极端强大的超能力，成为一个无所不能的女超人。她踏上了复仇之路，用她超乎想象的、无所不知的特异功能非常轻松地战胜了挟持她的黑帮。种种奇迹的发生让观众叹为观止，情节就像神话故事。这部影片从某个角度，说明了人类大脑突触的爆发式发育会带来奇迹。

在生理学范畴中，人类大脑3岁前就完成了突触修剪的加速期，如果没有好好利用这段时期，人一生的生命状态就会平凡无奇。即便成年之后的你讨厌自己已经形成的思维方式或行为模式，有意识地想去改变，那么就需要花费数倍的时间和努力，去重塑神经突触网络。从固有的态度、认知、思考方式，以及底层信念模式中抽离出来，重新对新事物进行不断地尝试和体验，如此反复，或许有可能建立新的神经连接，但这对于一个普通人来说，确实是一件相当困难的事情。

所以，尽早开始实施教育，事半而功倍，这样的机会无比珍贵，是家长给孩子注入生命能量的最好时机。这一时期非常短暂，转瞬即逝，真正诠释了“一寸光阴一寸金”的真谛！可能中国古人并不明白突触的增长原理，但是根据古人“三岁看大”的观点，也是非常符合人类生理发展的客观事实。

六、中国传统文化所诠释的精神能量

以现代心理学来解读，精神能量简称心理能。精神能量是推动人格发展的动力，可以不断地转换和重新分配，导致人格的变化和发展。这种心理能量包括性本能能量、欲望、意志、感情、注意力等所有的生命力，它来自人的生理身体所带来的能量。人体能可以转化为生物心理能，而心理能也可以转化为人体能。

人的心理现象的产生，不仅来自自然的投射，也来自社会对人的影响。人通过各种感官认识外部世界，通过头脑的活动思考着事物的因果关系，并伴随着喜怒哀乐等情感体验，这一系列心理现象的过程就是心理过程。人格从社会学定义上来说，是指一个人与社会环境相互作用表现出的一种独特的行为模式、思维模式和情绪反应的特征，比如：性格、能力、气质、动机、理想和价值观等方面的整合，以固定的模式来应对外在任何事物的心理和行为整合起来的自我特征。一项关于成功人士的调查报告指出：他们之所以比别人成功，不是智商高于其他人，也不是知识储备多于其他人，而是人格特质决定了他们的成功。

我们的先祖，把人格分为八类。其准确深刻的分析与释义，对于现代人的性格与心理分析具有积极的指导意义，每一种正向人格都对应着一种负向人格。比如持重型人格的本源能量是“水滴而石穿，厚积而薄发”，对应的反向人格是固执、孤僻；升发型人格的本源能量是“时势造英雄，英雄亦适时”，对应的反向人格是懦弱、苟且；顺势型人格的本源能量是“审时而度势，顺水而推舟”，对应的反向人格是妄行妄思，言语和行为有悖常理；通达型人格的本源能量是“会当凌绝顶，一览众山小”，对应的反向人格是浮夸虚荣；厚德型人格的本源能量是“百川以归海，宽厚以待人”，对应的反向人格是浑浊贪婪；和美型人格的本源能量是“春风得雨露，生生以不息”，善于发现他人的需求，也善于满足他人的需求，对应的反向人格是偏私逢迎；刚正型人格善于完成别人做不到的事情，本源能量是“任狂风暴雨，自坚如磐石”，对应的反向人格是自大专横；变通型人格善于对非常复杂的环境做出反应、随机应变，其本源能量是“水绕而行畅，通权则达变”，对应的反向人格是奸险无信，不讲信用。

这种人格分类方法非常实用，易于理解，简单易学。只要积极培养自己的心理能量，就可以做到这八种人格的正向言行与境界，并以这八种人格的反向人格提醒自己，很容易知晓自身的性格，知晓其中的祸福，知晓自身命运的轨迹和其中的“因”，再借由这个“因”去完善自身，就能从中获益，指导个人的言行。同时运用这个方法观察孩子，遵循古人总结的“三岁看大”的客观事实，牢牢把握孩子教育的黄金期，积极引导并培养孩子的精神能量，为他们将来建立优秀的人格特质奠定牢固的基础。

七、成功的机会往往来自内心的善念

如果一个人有善良的品质，那么他成功的机会就能增加好几倍。

皮尔·卡丹年轻的时候，在一家小服装店做学徒。一次，他走在街上，看到一个小女孩的玩具娃娃掉在地上的污水里弄脏了，这使小女孩很伤心，很无助，她哭了起来。小女孩的身边很多人经过，却没有人想去帮助这个女孩。皮尔·卡丹默默地捡起洋娃娃，拆洗干净，缝好后还给她。这个小女孩脸上绽放的灿烂的笑容，深深地打动了他。这种美好的感觉深入到他的灵魂，并且对他的生活产生了深刻的影响，让他内心产生了难以名状的感动，从此他走上了裁缝的这条道路，从而创立了皮尔·卡丹这个家喻户晓的品牌，成为全世界很多人都喜欢的名牌，也因此他赚取了巨额的财富。

促使一个人成功的因素可以说是难以预料的，甚至是一些偶然发生的事情，并不一定按照一个成功的标准模板来刻画。成就一个人，有时候就是因为偶然发生的事情触动了当事人的内心，让他感动并心甘情愿地付出。

做到善良，本身就是十分美好的成就。

第二章　孩子来到人间，父母应该怎么办？

天使

你在天上

飞来飞去

多少次对望

多少次思量

为了妈妈的念想

闪动着翅膀

来到人间

你在人间
懵懵懂懂
多少个日夜
多少个模样
编织着妈妈的梦想
做体面的孩子
做懂事的孩子

却不知道
有人想要拥抱
你所有的
哀伤

小孩子是天生的圣者和贤人，而我们大多数成人却把孩子当作无知的人，其实他们只是生存能力还没有成熟，还需要成人的照顾而已。每一个孩子都是一个新的灵魂，他们来到地球上，短短的几年时间，就接收到了来自整个地球环境对他们的影响与投射，并且这种影响将会在他们未来的生活中形成一种循环。良性的影响会形成良性循环，恶性的影响会形成恶性的循环。为了适应生活，就会有一段时期言行非常奇特，在大人看来是不合常理的。我认为这其实是孩子们为了适应生存而做出的积极努力，是对自身意识的调整。

孩子有时候调皮起来没有道理可讲，破坏性极强，有时就像小刺猬一样。我们还能怎么样？用棉花小心翼翼地包着它的刺。这和善待那些不明白自己错误的人是一样的，无论他们怎样做，都会伤害别人而不自知，我们只能一边原谅，一边提醒并帮助他们改正。

这和爱孩子是多么相似啊！孩子的任性就像小刺猬的刺，他的童真童趣需要大人呵护，他的想象力让大人难以预料，他看到的世界和大人完全不同。成人世界的规则，对孩子而言是新鲜和不可理喻的，就像大人看孩子的世界一样。

我认为，孩子的天真可以永远保持。学会了责任与义务，孩子就能够逐渐成长为一个成熟的人。而世界的规则，就是应该扶持和发展一切美好的人和事物。作为父母，能陪伴与呵护孩子成长，何其幸哉！

看看小刺猬，看看孩子，他们都是那么美好。小刺猬长刺，是它的命运，而孩子却可以极大限度地被唤醒，被开启，被教育。他们可爱、淘气、温暖，他们永远值得被呵护！

一、理解是真爱

叔本华说："要尊重每一个人，不论他是何等的卑微与可笑，要记住，活在每个人身上的，是和你我相同的性灵。"这句话也非常适用于我们对待孩子，孩子再小，他们和大人也是平等的，他们不应该因为弱小和暂时的无知而被忽视或者不被尊重。很多因为觉得带孩子太烦琐而对孩子呼来喝去的大人们，内心有没有提醒过自己要尊重孩子。孩子如此珍贵，他们的到来是为了唤醒大人内在的爱与智慧，帮助大人成长、成熟、觉醒，他们不会因为大人什么都不付出，就成为一个完美的孩子。

当孩子出现各种大人不能理解的现象时，只是他们的感官成长和身体发育过程的特征，并不是孩子天性自私和怪异的表现，父母一定要理解、呵护和正确引导，不要认为孩子天性愚笨，不要总是呵斥孩子这也不对那也不对，并且上升到自私、不懂礼貌、给父母故意捣乱和作对的道德层面上去。

婴幼儿学习的方式，是伴随着孩子对自己身体的好奇和能力的发展而进行的，并且伴随着孩子对情感交流的需求，因为这可以给他们带来心理上的稳定感和归属感。婴儿生活在世界上的第一需求是满足自己的食欲和好奇心，所以他们在探索自己的双手、双脚，以及行动能力的时候，就会经历很多在大人看来很可笑的失败。但是他们会一直执着地开动脑筋，克服困难，获得经验。如果你觉得孩子又哭又闹很烦人，请你相信，他们只是想探索这个世界，哭闹并不是有意惹你生气，而是他们需要你来帮助他们探索这个世界。

随着一天天地长大，他们会对自己周围的人产生浓厚的兴趣，并且想要和他们建立深厚的情感链接，这是他们心理的需求。有些人认为婴幼儿的破坏性极强，总是会搞坏一些东西，比如损坏妈妈的化妆品，把放在桌子上的物品扔在地上摔碎，或者把手机扔到水池里，等等。但其实他们只是在试验自己的本领，向世界拓展自己的活动范围，他们不觉得有什么不对，他们通过随意地用手试探身边的物品，也就是大人眼中的“破坏”来让自己眼前的事情发生变化，从而获得成就感。成人不应该对孩子的这种行为生气。

当婴幼儿想要和自己周围的亲人建立情感链接的时候，就会非常关注大人的行为，大人在做什么事情，他们也想要参与进去。通常的表现就是大人吃饭的时候，他们会因为被排除在外而急不可耐地待在旁边，非常烦躁，甚至哭闹。如果说大人把他们抱到餐桌旁，给他们吃一点食物，他们就会眉开眼笑。

孩子非常幼小，在生长过程中，如果大人用强有力的教育手段去对待他们，于他们的心理而言，是一种残酷的折磨。即使一个孩子在做大人看来不合理的事情，大人也不能以一个权威或者暴君的形象出现在他们面前，打断他们正在做的事情，斥责他们的无理，而是要用耐心和平等的姿态去尊重孩子的行为，这才是教育工作者和懂得教育的家长应有的行为。小孩儿只会顺从自然，不假思索地顺从自己心理的倾向，也许这种心理的倾向性质和他们内心深处所感应到的善良美好有关。

富有攻击性的孩子其实是发展失衡的，他们具备很多能力，但是他们的感情并没有充分发展。爱欺负人的孩子严重缺乏的是体谅和同情他人的能力。格湿德林·布鲁克斯谈到问题少年的愤怒时说：“孩子要创造，创造不出音符，就创造裂洞，创造不出友善，就创造侮辱。”攻击性强的孩子内心往往沉睡着强大的艺术天分，包括音乐能力、戏剧能力或视觉艺术能力。也许那些从事艺术的人们，大多因为潜在的挑战欲和攻击性使然，这种能量一定要生长起来的话，就应该引导他们去艺术领域发展，让他们的艺术天分开花结果。所以按照天性引导孩子成长，是多么重要。

有些孩子过度顽皮，父母不让他做什么，他偏要做什么。他就像一个失控的玩具汽车一样乱跑，并且可能会粉身碎骨，却控制不了自己。在大人看来，这非常让人头疼。其实他的行为只是在告诉家长，他的自尊水平非常低，他在向你展示他的伤口。自尊水平低的孩子做事情就会无底线，无边界，无原则。如果孩子长大以后还是没有改变这种迷惘的状态，他在与人交往时就会没有原则，被动地受到伤害而不知道怎样保护自己，甚至还会继续违背自己的意愿，去做一些自己不喜欢的事情，从而让自己的生活坠入痛苦与混乱的深渊。但是很多家长看不到真相，用暴力的方式对待孩子，只会让他内心积攒更多的负能量。他可能会短暂地安静下来，但是一定会有更加疯狂和出格的行为发生，甚至会避开父母，做出一些让父母做梦也想不到的恶劣事件。如果父母静下心来，温柔地对待他，帮助他树立自尊、建立正确的价值观，以及养成良好的行为习惯，那么他一定不会这样一再地展示自己的伤口。

哈佛大学精神病学副教授带领的团队研究发现，长期被父母责骂的孩子，成年后的大脑会比一般孩子增加 14% 的灰质体积。也就是说，经常被“吼”的孩子，他们的大脑也是会“变形受损”的，不再和普通孩子一样健康。而最显著的影响，就是因为此区域控制语言逻辑和智力，导致长大后的孩子，不会表达或不能达到应该拥有的智力水平。

受了委屈却不哭的孩子和受了委屈哭闹的孩子，前者更让我心疼。我认为大人的责任就是不要使孩子的心里积攒委屈，要积攒爱和智慧。

我们来看看孩子们有什么行为很容易让大人产生误会：

爱咬人不是兽性，而是探索

4 个月至 1 岁的孩子喜欢什么东西都往嘴里塞，总爱吃小手，而且喜欢咬人，会把大人咬得很疼，所以大人就觉得这是孩子的坏毛病。其实这时候孩子的小手神经不发达，手上和脚上都没有什么力气，那么他们就只能用他们的嘴巴来探索这个世界。

如果孩子在用嘴巴探索世界的过程中没有得到安抚和正常过渡，那么他在幼年时期就会咬手指甲，爱啃异物，有焦虑情绪，甚至在他成年以后，会产生暴饮暴食或者过度依赖型的人格。他们表现出来的性格是很容易轻信他人，做事被动，总是要求得到他人的关注，并且喜欢刻薄地挖苦人，疑心很重。

爱占有不是自私，而是物权意识萌芽

孩子在一岁多的时候，有一段时期非常固执，这时他们还不会准确地使用语言表达想法，但会通过肢体动作来表达他们对一些东西的占有欲，有时占有欲会非常强烈，谁都不能拿走自己的东西。这个时候，他们还不知道是不是真的想要这个东西，只是觉得什么东西都应该归自己所有。3岁左右的孩子，他们对东西的占有欲表现在他们真的想要。只要是喜欢的、感兴趣的东西，他们都会宣布是他的，并且会把东西藏起来。他们开始强烈地感觉占有、支配自己所属物品的快乐。

其实这并不是孩子自私，而是孩子成长过程中的必经之路，孩子只有在完全拥有物质并可以自由支配时，才可以去探索物质背后的精神，才有可能超越对物质占有的执着心。家长应该给予正确的引导，让他们明白，哪些东西是属于自己的，哪些不是。

我们都能明白，在现实世界中的生活，人拥有物权是生活的必要条件。所以这是孩子的一个社会性，也就是物权意识的开始，这是一种正常的心理和现实的需求。

坚持己见不是专断，而是自我意识觉醒

孩子1岁多时往往会表现出一些独立性，比如喜欢自己走路，不想被大人拉着走，即便是走几步摔倒了，爬起来还是要自己走。喜欢自己拿水杯，自己用汤勺吃饭，尽

管他还不能非常灵活地使用汤勺。大约三四岁时，孩子又总爱说“我就要怎样做”“按照我说的做”“我要怎样就怎样”等语言，在行动上也很坚持自我。这让大人很头疼。其实孩子并不是为了和大人作对，而是他们内心产生了秩序感，这是自我意识觉醒的表现。孩子期待世界按照自己认定的秩序感运行，这是孩子适应人类生活心理发展的一个必经阶段。

家长应该小心呵护，帮助孩子对自己有正确的认知，让他的自我意识建立起来。不要因为他执拗，家长就和孩子对着干，如果那样真的会让孩子非常伤心。家长应该正确引导和顺应孩子的自我意识，让他既能认识自身的价值，又能通情达理地善待和拥抱这个世界。

色彩是孩子生命的奇迹

孩子刚出生 10 天，眼睛看到的距离很短，一般只能达到 15 ～ 20 厘米的距离，一个月左右可以看到黑白两种颜色。一般 3 ～ 6 个月，孩子就能够辨认彩色。随着孩子逐渐长大，他认识的色彩会越来越多，从而对色彩产生浓厚的兴趣。

你会发现孩子有一段时间对颜色非常感兴趣。穿衣服一定要认定自己选的颜色，对自己的玩具也非常执着于某一特定的色彩。此时颜色对于孩子而言是一种全新的神奇的物质，不亚于我们看到奇迹的状态。家长应该尽量支持和满足孩子对色彩的热情，抚慰这种心理状态，这样做很容易让亲子关系融洽。此时可以找一些艺术作品给孩子欣赏，还可以通过画画让孩子去体会颜色的运用，了解撞色、对比色等概念。我们好好利用这一时机，增加孩子对色彩的辨识和应用，你会发现孩子的审美能力会大大提升。

追求完美不是苛刻，而是他期待的人生愿景

三四岁的孩子有一段时间非常奇特。吃水果要吃不能有疤的；衣服要非常整洁的，不能少一颗扣子；吃蛋糕要吃外形漂亮的完整的一块。总之，他们要求事事完美。

很多家长认为孩子太难说话，面对孩子的“苛求”，家长倍感头疼。事实上，孩子追求完美，是因为他觉得自己应该面对和接受的就是一个完美的世界。这是孩子适应生活的一个重要阶段，他还不知道人生其实有很多不完美。他这个时候还不知道什么叫意料之外，什么叫痛苦，什么叫原谅。他用稚嫩的小心灵，准备迎接一个完美的世界，这是一种多么美好的感情。作为家长，我们一定要保护好孩子的这种爱美的心理，并且培养他创造美好的行动力和对他人的同理心。

爱说暴力语言，不是因为内心肮脏，而是因为体验

3 ～ 5 岁的孩子，忽然爱说脏话，经常使用暴力语言，比如说："坏蛋""臭屁""我要打死你""揍死你"等这些话语，非常难以纠正。其实，这也是孩子体验世界的一个过程。

这些暴力语言也是我们已知世界的一部分，孩子们刚刚来到这个世界，对这个领域非常好奇，就想以身试法。他们认为使用暴力语言会让自己变得很厉害，和超人一样。尤其当他们看到大人对这些暴力语言反应激烈，会更加让他们得意非凡。其实他们可能对于暴力语言并没有非常明确的好与坏的认知，只是觉得很好玩，说这样的话感觉很爽、很威风。我们大可不必惊慌失措，因为这并不是他们有意为之，只是出于好奇，想要去尝试一下。在家长的正确引导下，孩子逐渐长大懂事，他们对这些暴力语言也就

不会再感兴趣。

说想要结婚并不是因为爱情，而是培养合作与选择的社会意识萌芽

大概在孩子四五岁的时候，会出现男孩儿喜欢说要和妈妈结婚，女孩儿喜欢说和爸爸结婚的情节，甚至小朋友在一起玩过家家游戏的时候，也会扮演王子和公主结婚。他们幼小的心灵其实并不知道结婚意味着什么，也并不了解什么是爱情，只是他们看到父母在生活上方方面面的合作让他们心生仰慕，自己想要去效仿，通过这种行为来表现出他们对人与人之间合作与自由选择组合的兴趣。所以家长听到孩子说出这样的话的时候，不要嘲笑他们，因为这是孩子社会性发展的萌芽阶段的表现。

二、天真是灵气

印度著名诗人泰戈尔说：“每个孩子出生时都带来讯息，神还没有对人类失望灰心。”那些未曾受过正规教育的孩子，用他天性的品质去看待和处理一些事情，有时候其格局就像受过高等教育的导师水准。孩子的这种品质，是谁教给他的？这种与生俱来的智慧源头是什么？难道人在降生之前就具备高级智慧？

普通人对于孩子的看法和态度只有“管教”和“督促”这样的字眼，甚至还有“头痛”“吼叫”“崩溃”“恨铁不成钢”等刻骨铭心的感受。让我们读一读诗人泰戈尔为孩子们写的诗，感受一下在他的心目中，孩子是一种什么样的可爱存在。在泰戈尔的诗歌里，婴儿是无所不能的。

只要婴儿愿意，他此刻便可飞到天上去。

他所以不离开我们，并非无缘无故，

他爱把他的头倚在妈妈的胸前，即使一刻不见她，也是不行的。

婴儿知道各式各样的聪明话，虽然世间很少有人懂得这些话的意义。

他所以永不想说，并非无缘无故。

他所要做的一件事，就是要学习从妈妈嘴唇里说出来的话，那就是他看来这样天真的缘故。

婴儿有成堆的黄金与珍珠，但他到这个世上来，却像个乞丐。

他所以这样假装了来，并非无缘无故。

这个可爱的小小的裸着身体的乞丐，所以假装着完全无助的样子，便是想要祈求妈妈的爱的财富。

…………

（选自泰戈尔《飞鸟集》）

在这首诗里，婴儿就像已经征服了全世界的国王一样，拥有一切。在泰戈尔看来，婴儿来到人世，是对这个世界的恩赐。婴儿有无数的财富，却只想祈求妈妈的爱。无所不能的婴儿，就是人间的神话。

泰戈尔在另外一首诗中这样描写婴儿的神奇之处，从孩子的视角告诉妈妈：

> 如果你躺在床上睡不着，想念你的孩子直至深夜，我要从繁星上给你唱歌：“睡吧，妈妈，睡吧。”
>
> 我要乘明月的游光偷偷地来到你的床上，在你沉沉入睡时躺在你的胸膛上。
>
> 我要变成一个梦，穿过你眼皮间的细缝，溜到你的睡眠深处；当你醒过来，吃惊地向四周张望时，我就像闪烁明灭的萤火虫一样飞到外边黑暗中去了。
>
> （选自泰戈尔《飞鸟集》）

在这首诗的叙述中，婴儿在妈妈的生活里，无所不在，而且是涵盖一切美好的无所不在。这种让人们忘记了生活的琐碎和疲惫，只有一种童真的快乐徜徉在生命中，这是一种高尚而美好的生活状态。

他对孩子如此崇尚和珍惜，但是我们这些普通人为什么却把孩子当作无知、胡闹、难以应付的人呢？是我们愚蠢，还是泰戈尔愚蠢呢？我想大家内心都应该有答案吧。其实在现实生活中，大人和婴幼儿的关系似乎一直都是在亲密与对立中发展和成长的。大人理解不了孩子无条件的爱和至纯至美至善的天使风格。他们的身体弱小需要大人的照顾。

孩子的思维之所以奇特与天真，因为他们认为一切的发生都不是按照成人世界的逻辑与顺序发展起来的。他们会用自身的感官体验等同于万事万物的感官体验，所以总能说出非常天真可爱、极具想象力的诗歌。请读这首孩子写的诗歌：

血液的鱼

一群小小的鱼

游进了我的血液

我等待着
血液和身体的变化
由于鱼
我的血管变得蔚蓝
我的皮肤
也变成大海的颜色

一个体内藏着鱼
藏着大海的人
心灵
也变得像大海无边无际

我仿佛感到
眼睛深不可测
睫毛上
栖息着一群海鸥

从这首诗中可以看出，孩子认为自己就是天地万物，天地万物就是他们。他们不能将自我与外界分开，意识不到自身的存在，不能从客观或他人的角度思考问题，因而会将所有的客观事物都视为是和自己一样的有生命、有意识的个体。

孩子是全人类当中最有创造力和最有想象力的种类。他们可以用树叶创造出自己喜欢的小房子；他们可以想象花朵飞起来的样子；他们会很天真地问出我是从哪里来的，为什么会有两个眼睛一个嘴巴；他们会很执着于 1 加 1 为什么不能等于 3……

孩子的天真值得所有人珍惜。天真是生命的彩虹，让我们看到生命的希望，让我们品尝到生命本真的快乐。保护好孩子的天真，是父母的职责。天真的人能够得到善良与爱的照拂，天真是激发天赋潜力的前提和基础，甚至可以说，天真会让孩子获得一辈子的幸福。

三、安抚是智慧

作为父母和老师，要有一种意识和能力，即时刻去引领孩子养成优秀的品格，即使孩子做事情非常出格，非常惹人烦恼，也要因地制宜，因材施教，把他引向正确的道路上。中国近代教育家陶行知先生就在这方面做了表率。他善于用多角度思维从犯错误的孩子身上找出其优点和闪光点，利用他们身上的积极情感克服和战胜消极情感，充分挖掘其内在诱因，然后因势利导，变破坏为创造，变落后为先进，这是一种高超的教育艺术。

有一天，陶行知看到一名男生欲用砖头砸同学，就将其制止，并责令其到校长室。陶行知简单地了解了一下情况回到办公室，见男生已在等他。陶行知掏出一块糖递给这个学生，说："这是奖励你的，因为你比我按时来了。"接着又掏出一块糖给男生："这也是奖给你的，我不让你打人，你立刻住手了，说明很尊重我。"男生将信将疑地接过糖果。陶行知又说："据了解，你打同学是因为他欺负女生，说明你有正义感。"陶行知又掏出第三块糖给他。这时男生哭了："校长，我错了，同学再不对，我也不能采取这种方式。"陶先生又拿出第四块糖说："你已认错，再奖你一块，我的糖分完了，我们的谈话也该结束了。"在这个过程中，陶先生没有说一句批评这位男生的话，但是让这个男生心甘情愿地主动认错，感动得痛哭流涕。陶行知先生用这几颗糖，帮助孩子塑造了三个品质：尊敬师长，见义勇为，知错能改，这是价值观层面最重要的东西，他就这样很艺术地培养了孩子正确的价值观。

关于怎么应对孩子的破坏行为，陶行知先生为家长和老师做了楷模。有一次，一位朋友的夫人来看陶行知，说她的孩子把一块新买的金表拆坏了，她非常生气，狠狠地揍了孩子一顿。陶行知听了，连连摇头说："哎呀，你打掉了一个'爱迪生'。"接着，他又亲自到朋友家里，把那个小孩请出来，带他到修表店去看师傅修表。他们站在修表师傅身边，看着他把表拆开，把零件一个个浸在药水里。又看着他一个个装起来，再给机器加上油。用了一个多小时，花了一元六角钱修理费。陶行知深有感触地说：“钟表店是学校，修表师傅是老师，一元六角钱是学费。在钟表店看一个多小时是上课，自己拆了装，装了拆是实践。做父母的与其让孩子挨打，还不如付出一点学费，花一点功夫，培养孩子好问、好动的兴趣。这样‘爱迪生’才不会被赶走和打跑。”历史上不少事例证明，好奇心强、动手能力强的孩子大都聪明。动手是创造发明主要的途径之一，没有动手就没有发明，就没有社会的进步。陶行知不但深谙此道，还能带着孩子不厌其烦地现身说法，其良苦用心，对孩子和家长都是一个很好的教育。陶行知先生不愧是教育大家。

在我国的民间有一种说法，小时候调皮捣蛋的孩子，长大必成才。其实这种孩子只是好奇心比其他孩子更强一些，行动力也更强一些。他敢于尝试新鲜的事物，敢于试错。在他成长的过程中，会经历很多来自家长和老师的打击，他是在打击和责骂声中长大的。如果让这些孩子把经历打击、经历委屈的时间和精力，用来探索科学，探索事物的内部规律，那么他的成就比用打骂的方法对待他要大多少呢？对那些调皮的孩子，如果能够像陶行知先生那样，给予很好的引导，那么他成长的速度和取得的成就是难以想象的。

从脑科学的角度来说，人的大脑分为左右两个半球，左脑掌管右侧肢体，右脑掌管左侧肢体。肢体之间的协调性越高，左右脑之间的协调性就越高，大脑就越灵活。通常大脑越灵活的孩子也会越调皮。有意识地针对肢体进行灵活训练，大脑的活跃度也会随之提高。比如让孩子多做手指操、左右腿交替站立等肢体训练。弹琴也是很好的选择，不只可以锻炼孩子左右脑的协调性，还能培养乐感、陶冶情操。

德国著名哲学家叔本华认为，教育最重要的是注意引导受教者获得对这现实世界纯粹的认识，让他们永远直接从现实世界里提取概念，并根据现实把这些概念组织起来，而不是从书本童话故事或者别人的谈话里获得这些概念，然后把这些现成的东西套在现实生活当中。否则，他们的头脑就将充满虚幻的东西，他们就会在某种程度上错误地理解现实，或者削足适履，徒劳地根据那些虚幻的东西来重塑现实，并因此在理论上，甚至在实际中步入歧途。最切合实际及最能增长智慧的教育，一定是让一个人保持头脑像一面镜子一样，对现实有最真切和最清楚的认知，而不是把人当作一个机器，塞满各种杂乱的资料和知识，这样的人走上社会以后，对现实充满了谬误的认识，从而在现实中也难以完成事业的建树。

第三章　中国传统教育的光芒

优秀的传统文化是中华民族的精神家园，它体现着大到一个国家、一个民族，小到一个人的价值取向、道德规范、思想风貌和行为特征。

2021年，央视一套播出了《典籍里的中国》节目，这是一部穿越时空、对话先贤、畅游华夏文明之河的节目。节目的进程很有新意，采用舞台剧表演、跨时空对话的方式，让我们在观看时有了沉浸式的体验。每一期都是不同时期的代表人物、不同的历史故事。每一期都让我震撼于故事人物所传递的精神内核。第一期以《尚书》开篇，"伏生"作为故事的人物主线，演绎了他和妻儿用生命护书的艰难过程。正是因为伏生和妻儿用生命守护，才得以让这部“政书之祖，史书之源”传承了下来，为后世点亮了智慧的明灯。其间穿插的大禹治水、武王立誓、晁错受文帝之命前去学书的历史故事，让我们从中更加深入地了解了《尚书》中的历史文化及其所传递的教育精神。后面的每一期，都是古代重要的经典之作。老子“上善若水”的品质境界，孔子“朝闻道，夕死可矣”的执着追求，屈原“路漫漫其修远兮，吾将上下而求索”的不断探索……

上下五千年的中国文化博大精深、源远流长。它凝聚着中华民族在漫长的历史长河中沉淀的智慧，它成为中华民族伟大复兴的精神力量，它为我们新时代的教育发展奠定了牢固的基础。本章对中国近几百年的历史人物，包括王阳明、曾国藩、王凤仪的教育思想做了简单总结，可以直接作用于成人自身的成长，以及指导孩子的日常教育。

一、王阳明：花见花开

王阳明是一位思想家，但是很少有人知道，他同时也是一位教育家。他成长于诗书世家，祖父是他幼年的启蒙老师，是成就他的最重要的人。王阳明从小就与众不同，老师和家长都教育他努力读书，将来考取功名。但是他很有主见，认为读书做圣人，才是人生最高的理想。他勤学好问，追求真理到了如痴如醉的地步，并且一生践行这个梦想。

中国古代的哲学思想比较注重“仁、义、礼、智、信”等行为规范，以及做人做事的规则。王阳明创立的心学理论体系，正好填补了对“心”的探索与实践的空白。他认为应该重视人的自然发展，用心来感受世界，以言行体现生命的意义和价值。王阳明的心学是一个庞大的体系，是具有强大生命力和实践意义的鲜活文化。他的心学思想，对青年时期的毛泽东影响很大。例如王阳明的“救人危难之事，多以慰安吾心”，旨在说明通过助人之事完善自己的心性修炼，在达到利他人的同时也有利己的目的，这给了青年毛泽东很大的鼓舞。完善自我是阳明心学的终极目标，影响着中国后世的人们。

王阳明之所以能够成为心学专家，这跟他的好心态密不可分。正所谓“此心光明，亦复何言”，这句话足以总结王阳明的一生。他那颗充盈而又光明的心为他照亮了一生的路。他的主要思想是“心即理”“知行合一”“致良知”。简单来说，“心即理”就是身、心、意、知、物是浑然一体的，心无外物，心就是理。“知行合一”是指内心的觉知和对事物的认识通过实际行为表现出来，人的外在行为是受内在意识支配的，是内心认知与外在实践相辅相成的过程。“致良知”简单来说就是在生活中坚持将道德意识扩充到万事万物。王阳明的心学强调个体精神的舒展和发扬：哪怕洪水滔天，我心安然，哪里都是桃花源；哪怕暗夜无边，我心光明，哪里都是水云间。从历史的角度来说，阳明心学是一种思想解放，他把人的进取心、主动性和执行力释放了出来。

王阳明很重视家庭教育，写下了这样的家训:“幼儿曹，听教诲。勤读书，要孝悌。学谦恭，循礼仪。节饮食，戒游戏。毋说谎，毋贪利。毋任情，毋斗气。毋责人，但自治。能下人，是有志。能容人，是大器。凡做人，在心地。心地好，是良士。心地恶，是凶类。譬树果，心是蒂。蒂若坏，果必坠。吾教汝，全在是。汝谛听，勿轻弃。”他以“树木”为例，他说父子兄弟是血亲之爱，可以喻为“树干”，普遍之爱可以喻为“枝叶”，说明家庭之爱延伸更广就是家国情怀——“视天下犹一家，中国犹一人焉”。爱国之情并不是空穴来风，而是爱家情感的延伸与升华，从情理上梳理了中国人的伦常五纲。

文化依赖教育来传递绵延，教育则因文化而孕育充实。王阳明教育思想最可圈可点的是顺应性情、鼓舞兴趣。封建社会对孩子的教育方式基本是以严格管教为主，但是王阳明能提出顺应性情的教学方法，在当时来说是非常超前的。王阳明的儿童自然教育思想体系提倡顺应孩子的天性，遵循自然规律。归纳为以下几点：

培养儿童快乐的情绪与高尚的价值观

王阳明提倡教孩子读诗，鼓励孩子发展美好的情感和高远的志向。读诗可以开启智慧，提升情感和对事物感知的敏锐度。诗对孩子的影响十分深远，不论是孩子的气质，还是孩子对语言的感知能力，都能通过读诗得到提高。饱读诗书的孩子谈吐中自然会显现出温文尔雅的气质和坦然自若的自信。

崇尚自然的教育原则

王阳明认为孩子的性情就像植物的萌芽与生长，必须让其保持舒畅快乐的状态，他们才能茁壮成长。他注意到孩子的性格有很大的区别，提倡要根据孩子的个性差异来实施不同的教育，不能一概而论。教孩子学习不能用强行压制、灌输的方式，要用循序渐进的方式来引导，顺其自然，给孩子自由成长的时间和空间。

肯定孩子的主体地位

中国封建社会，老师和家长教育孩子，一般把孩子当作一个受教的接受体，但是王阳明把孩子放在主体地位，自己作为辅助者来帮助孩子成长。本质上做到了尊重孩子的独立与尊严，这在封建社会是一种非常超前的意识。

强调环境与实践的重要性

王阳明认为，环境对人的发展同样很重要。训诫儿童要尽量远离品质恶劣之人，这样才能避免受不端之人的影响，才能使其养成良好的品性。他提倡让儿童亲自参与实践，才能使儿童摆脱空洞的说教，加强知识与文化的落地。他的这一思想与意大利著名教育家马拉古齐的教育思想基本一致，也就是在实践中培养孩子的创新与生存能力。

二、曾国藩：读书开悟

中国近代有一个人在管理、识人、交际、治家、教子方面充满智慧，受到很多人的推崇。毛泽东对这个人充满推崇之情，并说："愚于近人，独服曾文正。"这位"文正先生"就是曾国藩。他在国难当头之际，通过自身敏锐的观察，趁势收复伊犁，维护了国家领土主权完整，并捍卫了国家的尊严。他首次提出了复兴中国——"中国睡狮已醒"的说法。

事实上，曾氏家族祖上都是大字不识的农民，但是到了曾国藩的祖父曾玉屏这一辈，他知道知识可以改变命运，特别重视教育。别人家的儿女忙着耕种务农，他却让儿孙一心读书。在祖父的教导下，曾国藩的父亲和他都致力于学习、读书，参加科举考试，到了曾国藩这一辈更加重视教育。

曾国藩对读书非常重视，他认为读书可以让心变美、变强。他通过读书成为成就卓著的人。他在写给儿子的家书中说："人之气质由于天生很难改变，唯读书则可以变其气质。"他出身耕读之家，读书改变了他的命运。他读书的天赋很一般，记性很差。但是他通过苦读书、勤读书，一步步从秀才奋斗到翰林。也是因为读书和修身养性，他成为一代完人。他自身变化非常大，他30岁之前为人庸俗，格局小，性格狭隘，但是因为他广读诗书，逐渐变得气质宏大。他在教育方面的这些做法值得我们学习：

打破常规，面对事实，坚持真理

曾国藩虽然是100多年前的封建家长，但是教育孩子的思想却十分开明。他的儿子曾纪泽曾经批评《尚书》的注疏"浅白无味"。封建时代，一个没有资历的小学生批评古人是大逆不道的行为。但是曾国藩却肯定了孩子独立思考的品质，并且有勇气指出先辈的不足，对孩子的自立勇敢精神和文字水平都给予了赞扬，这是非常难能可贵的。

以身作则

在孩子很小的时候，曾国藩给自己立好了学习的规则，要求必须做到自订的 12 条规则，给孩子树立好榜样。他自己一坚持就是一辈子，孩子也和他一样日复一日，年复一年地严格执行学习规则。孩子们熟读诗书，勤勤恳恳，打下了牢固的事业基础。

少说多做，给机会让孩子慢慢成长

让孩子更成熟，能够担当事情。当儿子长到十几岁，曾国藩在行军打仗的过程中，让孩子做自己的助手，熟悉政务，一直把儿子留在身边，慢慢打磨。作为一个封建时代的家长，能够给出足够的时间与耐心等待孩子成长，难能可贵，可以说在封建时代极少有人做到以这样的方式来教育孩子。

以俭立志

曾国藩最著名的 16 字家训：“家俭则兴，人勤则健，能勤能俭，永不贫贱。”他对于勤和俭的理解是非常深刻的。

他让自己的孩子经常做家务活。孩子衣着朴素，稍有修饰便责令换下。他对孩子的不骄纵，其实是对孩子最大的爱。他不是不懂得享受，而是他明白，俭能立志，奢能败德。一次吃饭时，曾国藩的儿子将带壳的谷物挑出来放在桌上，曾国藩看见了，默默捡起来，剥开外壳把米吃掉。他身体力行地让孩子理解“粒粒皆辛苦”的道理。勤俭生活最大的好处是让人可以富不骄奢，穷不气馁，常以饱满平和的心态拥抱生活。

如果说父亲是山，母亲就是海。山是依靠，海带来情感的安慰，父母是儿女的指路明灯。在曾国藩的家庭中，他作为父亲，做到了大格局，他的妻子欧阳氏情绪稳定，对家人温暖，正如曾国藩所说：“父亲的格局，母亲的情绪，是一个家庭最好的风水。”他们夫妻二人亲身诠释了优秀父母在家庭中的角色。父亲格局高，眼光远，有正确的决策，家庭必然前途宽广。母亲充满爱而温暖，让全家人心中充满安全感，没有后顾之忧。并且他们对后代勤于言传身教，亲自教授后辈知识和道理。

曾国藩的治家原则是对父母长辈感恩尊敬，尽赡养义务，对待兄弟姐妹和睦友好。曾国藩的家训，对整个家族的影响可谓深远，二百年间，曾氏家族中杰出人士达240余人，在外交、数学、化工、文化领域都做出了卓越的贡献。

三、王凤仪：明心见性

王凤仪先生生于1864年，是中国近代著名的大善人。他出身于农民家庭，没有读过书。但是他在困苦的生活和社会的纷扰中，从青年时期就思索人生的道理，在实践中做到了无师自通，明心见性。他通过深入理解人性，对家庭伦理关系提出了一些非常独特的见解。他在家庭伦理教育中独特的建树，在近代中国思想史上占有一席之地。

他重视女子的素质，认为一个家庭的兴衰从女子开始。为了使女子明白道理，几十年间，他创办了700余所女子义务学校，被人们称为“王善人”。在家庭教育中，他着重于以下几点：

根本教育

所谓根本，是指生命的源头，这来源于夫妇。夫妇正则孩子正。根本教育如木之有本，水之有源。他认为男子如天，女子如地，天清地明，两个人各行本位，夫妇俩就会得到聪明健康的孩子。

他对女性的家庭角色要求是：媳妇性如水，柔和、随缘、洁净。一个女人就是家里的生态环境。他举例说，污池之水会长出泥鳅和黑鱼，沧浪之水会长出鲫鱼，但是清澈的江水，却能长出金色鲤鱼，汪洋大海能生出蛟龙。他注意到胎教对人的素质具有重要而深远的影响。他认为母亲心存美好，一定会生出善良、高尚的孩子。如果母亲奸诈贪婪，孩子必然凶恶、败家。如果孕妇性格古怪不稳定、随意发脾气，一定会给孩子的身体健康带来危害。周文王、周武王、孔子和孟子的母亲都是与做好胎教有关，使这些圣人在未出生前就获得了很好的教育和生长环境。所以说，培养孩子从胎教的时候就开始这一理念，可以说在当时全世界都是非常先进的。他对男性在家庭角色中的要求是：正直、善良、涵养、宽容、明理。男人做到明理，女人就会感到安全、愉快。一个家庭就会温暖、繁荣。

婴儿时期的教育

王凤仪把婴儿时期的教育叫作襁褓教育。他非常反对中国古代用襁褓把孩子绑紧的教养方式，提倡让孩子使用柔软干净的枕头和卧具，使孩子在轻松愉快的氛围中发育和成长。给孩子喂奶要避开妈妈生气发怒的时候，因为母亲情绪不好，所产生的乳汁一定是有“毒”的，不能让孩子吃这种乳汁。他说婴儿的心性洁白无瑕，往上染什么色就成什么色，一经染上就很难去掉，提倡从孩子很小的时候就要好好地教育他崇尚真、善、美。

儿童时期的教育

对于孩子调皮，甚至有时会搞点小破坏，王凤仪先生并不认为这是孩子的恶习，而是身心发育天然的表现。王凤仪先生提倡不能压制孩子好动活泼的天性，如果打击压制他，那么孩子无处发泄的情绪会导致肉体的能量阻塞，就很容易生病。他以孟母三迁为例，大力提倡要给孩子创造一个快乐又正能量的生活环境，以免染上不良的习惯。

孩子好奇心强，对所见一切事物都要问个明白。对于儿童的德育与智育的培养，王凤仪先生提倡父母要善于做孩子的百科全书，应该随时随地回答孩子的问题，启发他的智力，帮助他获得丰富的知识。

王凤仪先生认为孩子的天性就像一个接收器，父母给他存入美德，孩子就会成为有礼仪、懂道理的好孩子，孩子内心就会明白从小到大全靠家人抚育、培养，会有一种天性想要报答父母和长辈的养育之恩。所以父母要教导孩子树立远大理想、弘扬家族文化的高尚品质，以至于上升到报效祖国的情怀，也许这就是对家族最好的报答吧。

对于犯错的孩子，王凤仪先生提倡引导教育，并以感化为主。想要教导孩子时，要提前说他的好处，再指导他将来的规划，这样才能让孩子知道自己错了，诚心忏悔，改正错误。千万不能当着众人的面就斥责，不给孩子面子，这样做的结果会让孩子丧失廉耻之心。没有廉耻心的孩子非常可怕，做坏事、受打骂都不觉得耻辱，好老师也不能把他教育好。

第四章　世界上影响力较强的现代教育体系

不得不说，人类对教育的探索与进步贯穿了人类的历史，先进的思想才能带来社会的进步。意大利的蒙台梭利博士和奥地利的鲁道夫·施泰纳博士先后创建了两种不同风格的教育体系，核心目的都是疗愈战争之后的人类世界，培养健康的儿童，为人类在未来能够生活得健康美好而打下基础。

随着时代的进步，我们不仅要从过去几千年中外的教育系统中学习到一些优秀的思想和经验，更应该在新的时代，对教育有新的认知和发展。我们今天的教育，就应该依托人的天赋灵性，最大限度地唤醒和点亮孩子的精神潜能。创新并非无章可循——一件事物是不是一个好的创新，要看它是不是对人类精神发展和生活的舒适有益处，还要看它是不是能够拓展人类的精神领域。深厚的爱与正确的指引更容易培养出优秀的人。

0～6岁的教育只是我们人生中开始的一小段时间，但却是最重要、最宝贵的时期，这段时间蕴含了人生最大的潜力和成功的砝码，抓住这道最美丽的彩虹，就有机会收获一生的美好与幸福。早期教育既不能成人化，也不能把婴幼儿当作小学生来培养。婴幼儿期的教育，有它自己的特点，必须要因材施教，找到最合适的方法。古今中外，很多仁者和大师都对早教非常重视，创立了很多卓越的思想，照亮了后人的生活。

本章将对国外知名的幼教体系，包括福禄贝尔、蒙台梭利、华德福和瑞吉欧进行横向比较和深入解析。这些教育理念已成为全球80%以上幼教机构的指导教学思想，并已在中国生根发芽。无论是幼教从业者，还是家长，都可以从中获取参考价值。

一、现代幼儿教育的鼻祖福禄贝尔

——本原

1806年德国的前身——神圣罗马帝国在拿破仑的野心扩张下灭亡。1813年爆发了德意志解放战争。同年年底，整个德意志从拿破仑的统治下获得解放，德意志解放战争实现了德国的独立和统一。德国教育家、现代幼儿教育的鼻祖福禄贝尔(1782年—1852年)在爱国激情的感召下参加了战争，其间结识了一些战友。在后来的几十年，他们成为发展和建立教育事业上志同道合的合作者。

1816年，福禄贝尔在格里斯海姆创办了一所名字为德国普通教养院的学校，他在这所学校实施的是关于儿童天性自然发展的教育原则，成了培植爱国思想的场所。在该校建校初期，正值德国实施改革，提倡民主，要求学校承担起培养自由独立的人的教育任务。因此，福禄贝尔在这样的时代背景下提出的新的教育措施受到了当时德国社会的欢迎和支持，他的学校也受到了广泛重视。福禄贝尔在建立学校工作的基础上，写成了他一生中的主要著作《人的教育》一书。

1835 年之后，他经历了在瑞士的流亡生活，并且担任过孤儿院院长的职务，积累了很多教育经验。1840 年，福禄贝尔在德国建立了世界上第一所幼儿园，并命名为德国幼儿园，标志着世界上第一所幼儿园的诞生。他推动了世界范围内幼儿园运动的兴起和发展，被誉为幼儿园之父。可以说，他创办的幼儿教育和国家的命运紧密相连。国家形势稳定的时候，他的教育工作也能顺利开展。

福禄贝尔的教育理论深受德国古典哲学的影响。他曾深入研究各类哲学体系和流派。在研究前人哲学理论的基础上，福禄贝尔提出的教育理念非常超前，他认识到智慧是人类最高的目的，无论是教育自己或是教育他人，都必须以这个目标为最高的理想。福禄贝尔教学实践的目的是培养自由的、自觉行动的、有思想的人，对后人影响非常深远。

福禄贝尔认为，人的一生，直到他即将离开人间的时刻，其根源都在于学龄前的教育。不管孩子未来的生活是纯洁或污浊、勤劳或怠惰、是成就斐然或无所事事，以及他与双亲、兄弟姐妹的关系，与社会及人类自然的关系，主要取决于其在学龄前阶段的生活方式。

他认为，教育是一个人终身应该实行的行为。一个人在不同的成长发育期，有不同的成长目标，也就是要完成从自体生命的发展角度所涉及的成长任务。每一个后续的阶段，会如新的幼芽一般，从一个健全的芽苞当中萌发出来。而他也将在每一个阶段当中努力生长，直到该阶段圆满终结。所以每一个阶段的健康成长非常重要。

当一个人在幼时受到恶性对待，如果他在未来得到了疗愈，那么他的人生还有希望，如果他一生都没有治愈的机会,那么他很有可能一生都在重复着这个受伤害的循环，而自己却无能为力。这就好像打游戏的时候总是过不了那个关，然后在他的生活中就一遍一遍地重复着这个受伤害的模式，直到他灵魂觉醒，有意识地改变过去发生的一切。

福禄贝尔认为，在一切真正的教学活动和受教者之间，存在着动态的能量：输出的与输入的，合并的与分离的，指示性的与顺应性的，积极性的与消极性的，束缚的与放任的，固定的与活动的之间有一个第三者发挥着作用，并且这个第三者应该是有条件的必然出现，并非随意的展现出最正确的东西，而且教育者与受教育者应该完全服从于第三者。这个第三者有可能是一种大家所公认的社会规则，也有可能是无条件接纳爱与被爱的博爱思维。这个第三者的存在，使教育者和受教育者完全臣服于这种感受。

如果说孩子的身上体现了他父母精神追求的核心本质，那么他就完全可以代表他的家庭。每一个家庭成员的命运在于明确表达他的原生家庭的本质、精神气质与力量。这个道理和作为人类一员的个人一样，他的命运也在于发展、历练，以及展现整个人类的本质、力量与气质。在发展孩子的力量与精神方面，福禄贝尔提倡，必须要用一种灵活的、辩证的、发展的眼光去看人性。人性永远不可能是一种已经充分发展的完全成型的固定静止的东西，永远都在逐渐成长与发展着，永远是富有活力的，总是从一个阶段走向另一个阶段，并且不断在前进。

福禄贝尔提倡人必须要“读懂人”，人是灵与肉的生命体，有情有义，有善恶是非，有自信和自尊。无论是孩子的父母或者学校的教师在实施教育的过程中，一定要把孩子当作独立的人看待，并且给予他们尊重、平等、快乐和一定的选择权。

福禄贝尔非常赞成一个人在做事的过程中应该坚持自己的精神实质，在做事的过程中怎样将自己的内在品质透过行动，纯正又准确地表现出来，然后再看自己的本质到底需要提高什么？需要学习什么？并且要有深刻的了解，自己所需要的都是一些什么样的思想和品质。如果一个人没有在日常生活中活出他自己的精神本质，那么可以肯定地说，他没有完成他作为人的使命。

关于怎样学习，应该学什么？福禄贝尔认为，人类不应该把那种外在的典范性作为榜样来接受、模仿和学习，这样做会给人类进步带来极大的阻碍，甚至会导致文明的退化。只有在精神上追求积极向上的典范并当作榜样来坚持，才能让个体和整个人类都不断进步，并达到更高的文明。所以教师在教学时，应该以某个人为榜样从精神的内核进行引导，而不是照猫画虎、空喊口号，对榜样的内在精神却知之甚少。学习还有一个重要的目标就是唤醒自由，唤醒自己。他说：“由外来的约束，唤醒内在的自由意志，外来的仇恨唤醒内在的爱。”人类可能会通过一些纪律和规则来约束行为，但是纪律和规则的目的不是为了限制人的思想和行为，而是为了唤醒人内在的自由意志。

福禄贝尔是一位教育家，他同时也深谙心理学。他总结了现实中人们可能遇到的所有的困难境地，以一位智者的情怀，为痛苦的人们点亮路灯，让人们知道面对这些挫折与失落时，正确的态度是什么。人们在生活中可能会遇到别人的攻击或仇恨，但是，这并不是被伤害的人们也变得仇恨与自私的理由，而是要唤醒我们内在的爱，用爱去回应一切痛苦与仇恨。这也许很难做到，但是这一定是一个修心的过程。如果我们受到伤害而只会抱怨，其结果就会给自己带来很多负面的能量。

他认为在教育实践中，如果采用强制性的压迫措施，去让受教者服从，那么就会让受教者产生奴性，也会产生盲目服从，这必然会导致愚昧。贬低的教育方式，会使受教者背负重担。用严厉与刻薄的态度对待受教者的时候就会引发反抗，并使受教者养成虚伪的习惯，这样的教育只会给受教者带来灾难。

福禄贝尔提出，人类从事工作最根本的目的，是为了把自己精神层面高贵与美好的部分释放与展现给这个世界。而面包、房屋、衣服是第二系列的派生产物，是附属品，根本就不是奋斗的目标。

1861年，福禄贝尔有关幼儿教育的著作由他的好友编辑出版，名为《幼儿园教育学》，受到了全世界的重视。他的幼儿教育理论和实践，以及其献身教育事业的崇高精神对后世的影响巨大，并作为一份宝贵遗产，供世界各国的教育工作者研究学习，从中汲取营养。

二、蒙台梭利教育体系

——自主

意大利自古以来就产生了很多人类历史上顶级的艺术家、建筑师和文学家。中世纪欧洲天主教的教权衰落，随着新教的崛起，科学技术的进步，以及文艺复兴运动、启蒙运动等思潮的发展，意大利长达一千多年的分裂历史于1870年结束，最终实现统一。就在这一年，著名的教育家蒙台梭利（1870—1952）在意大利安科纳出生。

蒙台梭利的父亲是一位贵族后裔，母亲是意大利著名神父安东尼的侄女。在这样家庭的熏陶下，蒙台梭利从小就受到了严格和正规的管教。她身处男权社会，为了教育事业而终身未婚，虽然她的教育事业被当时的世界所认可，但也经历了很多挫折。

蒙台梭利对儿童教育的关注点是从残疾儿童开始的。1896年，蒙台梭利以优异的成绩获得意大利第一位医学女博士的学位。同年，她在工作中接触到了智障儿童，这激发了她对智障儿童发自灵魂深处的关爱。她花了大约五六年的时间，将全部精力投注在智障儿童的教育上。这项工作使她对儿童教育有了更深刻、更独特的观察与实践方式，从而极大地推动了她从事幼儿教育的深度与广度。针对智障和低能儿童的教育，她取得了令人惊讶的成就。在两年的时间内，通过她的悉心教导，那些智障和低能儿不仅会读会写，而且全部通过了罗马地区为正常儿童所举行的公共考试，这给了她很大的信心。她放弃了罗马国立心理矫正学校校长的职务，重新回到罗马大学，悉心研究教育学、心理学和人类学，并立志为儿童教育奉献力量。

她曾有一度准备放弃，但是此时发生了对她人生改变最大的一件事情：她偶然遇到一个年仅两岁的孩子在路边玩耍，他坐在地上，专心玩一些五颜六色的碎纸片，孩子没有受到身边嘈杂环境的影响，专心致志地沉浸在自己的小游戏里。他那凝视的神情，在色彩缤纷的纸张中寻找乐趣，脸上泛着幸福的光彩，这一切吸引到了蒙台梭利博士的注意力。她从这个可爱的孩子身上发现了作为人的自我价值，使她对这个孩子的内心世界产生了极大的兴趣，进而促使她下定决心为启发儿童灵魂深处的智慧之光进行深入研究，并成为她日后从事儿童教育工作的力量源泉，并一生为之努力。

1907 年，蒙台梭利在罗马贫民区建立儿童之家。招收 3 ～ 6 岁的儿童进行教育，她运用自己独创的方法进行教学，结果出现了惊人的效果。孩子们被培养成了聪明、自信、有教养、生机勃勃的少年英才，这种教学方法轰动了当时的整个欧洲。她是唯一一位因为在教育领域作出突出贡献而于 1949 年至 1951 年连续三年获得诺贝尔和平奖提名的人。

她的教育方法是把孩子当作真正意义的“人”，尊重呵护每一个孩子的独特人格，保护孩子丰富神奇的想象力和创造力，照顾孩子，不只是照顾孩子的身体，更应该关注的是孩子的精神需求。她认为教育的最终目的是让孩子们都能成为一个正常的儿童，也就是有自信心、诚实、慎重、懂礼貌、守规矩、品格优良、有安全感且富于正义感的好孩子。但其实她所认为的正常是没有固定标准的，而是随着个人及心智发展之不同有所改变，也就是随个人所能做到的最好，就是生命的胜利。而在这个过程中，享受人性的启发与美好就可以了。

蒙台梭利教学法的精髓在于培养幼儿自觉主动的学习和探索精神，延伸人对于自然天性的培养，归根结底是为了毫无阻碍地进行情感自由的交流。蒙台梭利认为，集中注意力会让孩子的智能、情绪、秩序感、安全感、社会性及敏感性自动处于一种有序而协调的状态。这种个性化教育没有标准，其教育的结果会达到一种全新的自由。

人类和自然界的任何生物，包括动物和植物，在不同生长阶段会长出我们人类可以总结出的规律状态，到了一定的时候变化都是有章可循的，人类的生长发育也是一样的道理。相比福禄贝尔将儿童的成长分为不同的生长阶段，蒙台梭利有了更加细致的划分，她总结了儿童的 31 个敏感期。针对每一个不同的敏感期，她都提出了具有针对性的实用教育方针来推动主体感官的健康发展。孩子的感觉器官和成人完全不同，异常敏锐。孩子的敏感期是他对世界某一方面的接受能力与感应能力的爆发式增长时期。当孩子的敏感期来临的时候，会对环境中的某个方面产生强烈的兴趣，几乎掩盖了其他感官的发展，在这期间的孩子会出现大量有意识的活动。教师在敏感期内有针对性地施教，事半功倍，可以迅速提高孩子心智的发展。如果没有对孩子进行充分的感知训练，错过这一发展的特殊时期，长大以后就很难进行弥补。

蒙台梭利教学法最重要的原则是孩子可以自由地选择自己喜爱的事情，这有助于孩子达到真正的专注。在这种专心致志的状态中，孩子不仅获得了知识，而且增强了自信心，创造了与现实融合的机会，并获得了社交技能。当孩子感受到被尊重，并且被视为独立人格的时候，孩子就会拥有以下品质：乐于尝试、自主灵活、懂得合作，同时迁移能力、社交能力、适应能力和解决问题的能力也会得到提高。通过长时间的训练，孩子习惯于集中精力做事情，这可以培养出他们的耐力、决心、可靠性的品质及努力工作的意愿。

在蒙台梭利教育方法中，不主张给予孩子物质奖励或惩罚。她说："奖赏与惩罚在精神上是奴役别人所用的工具，它们只会诱使儿童勉强去做非自然的努力。"读懂孩子，让孩子内心开出灿烂的花朵，让孩子发自内心主动去做事情，才是正确的教育导向。

在蒙台梭利幼儿园，孩子拥有高度的自由和自主性，教师的主要职责在于通过观察，为孩子预备好适合孩子学习和生活的环境，只在孩子真正需要帮忙的时候才插手。这与传统幼儿园教师主导教学，孩子们努力听讲的教学模式有着本质的区别。教师帮助孩子发现和发展内在力量，包括与别人交流的愿望、与环境融合的精神需求，帮助孩子们对世界有一种按照他内心秩序的要求来安排身边的事物。孩子们在做一些重复性的事情时，会逐渐熟练，并且做得非常好。在这些学习过程，都是孩子自发的，而在教师的引导下，他们会越做越好。

蒙台梭利实行混龄教学，这能够很好地促进孩子社会性的发展。在混龄班级里，孩子之间的关系是平等的。在整个蒙台梭利教室，孩子之间相互交往，彼此谦让，学会协调自己与他人、集体的关系，能够逐渐掌握与人交往的基本技巧。

蒙台梭利之所以建立儿童之家，是因为她认为儿童只有在一个与他们年龄相符的环境中，他们的心理生活才会自然地发展，并展现他们内心的秘密，才能够自由洒脱地和同伴交流并展示最真实的天性。在儿童之家里，设置有专为儿童设计的小家具，便于他们使用和活动。孩子就会在儿童之家这个让他感到身心愉悦的空间里，做任何自己想做的事情，自由地使用专门为他们设计的各种教具，可以亲自打扫儿童之家的房间，忙得不亦乐乎，很有成就感。在这里，孩子们完全可以完成基本的生活行为训练，照顾自己，照顾环境，并进行一些初步的社交行为，非常有利于培养孩子的独立性、自主性、专注力、手眼协调能力和自信心。

蒙台梭利教育体系的基本方针就是利用各种感官教具，激发孩子对周围世界的兴趣，发展他们对事物敏锐的感知能力和掌控力，唤起他们的安全感。孩子在蒙氏教育的学习中完全不是通过老师的“讲授”，而是通过孩子不断地摆弄教具，自己探索明白的。蒙台梭利设置了很多不同形状、不同材质的物体，对孩子进行敏感、触感的训练。为了培养孩子的绘画能力，制作不同几何图形的模具来训练孩子对形体的感知力。蒙台梭利非常珍视孩子们对教具的探索。

在蒙台梭利日常教学中，实施分科教学，日常生活、感官、数学、语言、科学与艺术类，都是根据孩子自身发展的敏感期，由浅入深、由具体到抽象进行启蒙教育。对于音感的训练：通过让孩子区分不同的发音、语气、声音的强弱来培养他们对音乐的感知力，并且教会孩子在宁静之课上感受宁静带来的心理体验，让他们的内心活动变得更为敏感、强壮、持续，易于变化，以培养孩子的心理素质。

蒙台梭利还发现了神秘的发展法则：“间接干预，等待成长。”这就如同种下爱的种子，用爱心与耐心来等待它发芽和成长。孩子的成长只能由孩子自己完成，老师的授课只是一种帮助、一种提示，是给孩子的成长道路开启一个良好的开端。在儿童之家，孩子互相学习、互相帮助，乐观、喜悦、热情地面对日常工作，这样的氛围有助于培养孩子的同情心和助人为乐的生活态度，更神奇的是，大一些的孩子在看到小同伴成长时心中充满了理解和关爱。儿童有追求精确的倾向，在蒙台梭利教学法中，孩子的不断重复的工作，会让动作和行为趋势逐渐趋于精确和准确，这是一种本能。

蒙台梭利博士说：“每种性格缺陷都是由儿童早期经受的某种错误对待造成的。”心理学上也认为，任何一种心理疾病，追根溯源，都是童年时的创伤。孩子胡搅蛮缠、暴躁、打人等行为，在蒙台梭利教育中被称为“偏差行为”。她这样解释什么是偏差行为：“孩子受到阻碍的、一致性、可预测的行为和特点。孩子出现的偏差行为，是因为他受到了阻碍，受到了环境的影响。”这个时候，家长应该审视一下，作为家长，有没有为孩子创造适合他们生活和活动的空间。

记得我曾经和幼儿园的一位妈妈聊天，她说带着两岁左右的宝宝上街去玩，在人潮涌动的地方，当她把宝宝放在地上时，宝宝很不开心，并抽抽搭搭地哭了起来。她很纳闷，就蹲下身，与宝宝在同一个视角来看周围的情景时，真的把她吓了一跳，因为她看到的只是很多双“粗壮”的腿在眼前移动，夹杂着飞扬的尘土，给人以恐怖的感觉，而蓝色的天空和美丽的风景一丝一毫也看不到。她心酸极了，立刻将宝宝抱了起来。这只是举一个例子，我们可以想象得到，孩子生活在成人的世界中，他看到和使用那些不适合他的家具和生活用品，并不符合他的生理与心理需求，这对他的身心成长是没有益处的。作为家长，一定要有一种意识，即时刻关注孩子的感受，从孩子的视角来看待这个世界，真正了解孩子，走入孩子的内心。

蒙氏教育给予孩子充分的自由，那么就有人会问：这种“放养”的教育方式难道就没有原则吗？蒙台梭利博士早已给出了答案，有三个基本原则：不伤害自己，不打扰他人，不破坏环境。她认为，3～6岁是孩子规则意识和早期行为习惯养成的关键期，6岁前若不给孩子立规矩、不管教，以后给孩子再好的教育都是无用的。规则下的自由，才会内化为孩子内在的自律。当然，蒙台梭利教育模式，需要一个前提基础，那就是施教者自身的素质和能力必须达到相应的条件，才有可能达到教育成效，否则就真的成了一种散漫的放养。

三、华德福儿童教育体系

——四元性

鲁道夫·施泰纳（1861—1925）是奥地利哲学家、教育家、社会改革家、建筑家、神秘主义者和文化革新者，是“人类智慧学”（简称“人智学”，anthroposohy）的开创者，也是华德福儿童教育系统的创始人。华德福教育是从人智学——人的整体发展的科学中培育和发展起来的针对儿童的教育，鲁道夫·施泰纳认为儿童时期非常重要，是构建孩子与这个世界联系的最佳时期。华德福教育是在对人的本质、人与宇宙的关系认识的基础上，围绕着人、社会和宇宙和谐发展为基点的。

他早期学习自然科学，依照自己的爱好与兴趣发展，后来却在哲学领域取得了辉煌的成就。他主张用人的本性、心灵、感觉和感官的思维解释生命现象。他和蒙台梭利是同时代的人，但在孩子感官的培养方面，两人却大相径庭。在他们的有生之年，欧洲经济和政治都处于动荡时期。人们经历了中世纪的黑暗之后，对宗教很失望。一些优秀的人们对精神的追求有了新的感悟，很多艺术家、文学家、哲学家对基督文明进行了反思，并积极地探索和追求新的精神生活方式。自古以来，人类并不能完全用大脑来控制感情、感受、意志等精神领域的活动，这些无法用人类大脑思考、用眼睛看不到也无法用物质衡量，只能用心灵和身体去感受到的范畴被鲁道夫·施泰纳用科学的、落地的方法研究和量化，用可信的证据来解析精神领域的本质，从中得到关于人的身心和精神发展的独特认识，从而成就了人智学，收获了很多追随者。

鲁道夫·施泰纳以一种科学的态度对待人的深层意识，在他看来，人只有在内心有所需求，才能够反应在外在的一切活动当中。一切内心的感受、觉知如果无法通过实践去展现，我们的肉身就无以成为生命。华德福教育来源于人智学，配合人的意识发展规律，针对意识的成长阶段来设置教学内容，强调爱与温暖，注重精神领域的拓展。

鲁道夫·施泰纳于1919年在德国建立了第一家华德福（Waldorf）学校，并将他的教育系统命名为华德福教育。他创立的华德福教育针对0～7岁、7～14岁，以及14～21岁这三个阶段的不同需要来设计教学内容，注重培养孩子的意志、情感和思维的全面发展，关注每个儿童的个体差异，以一种极富艺术性的方式帮助孩子与这个世界建立深刻的联系。华德福教育的核心理念是帮助孩子更好地发展自我的内在，发现自己到底适合做什么，从而实现自我价值更大化，进一步实现自我的社会价值和意义。

儿童时期是一个人生命的开始，对人一生的生活状态影响深远。基于对人类社会的一种深刻的洞见与博爱，6岁以前的儿童可塑性非常强，他们的全身组织都根据外来的影响而调整，周遭人物、环境是对他们有深远影响的因素。华德福教育关注儿童的生命历程，不仅仅是关注孩子的身体成长，更是帮助孩子清晰自我，不混乱、不麻木、不随波逐流，保持自我的最佳状态。

华德福教育体系的课程设置有内在的理论支撑，提倡一定要关注头、心、手的整合协调才能让孩子获得身心健康。人类生命包括四重身体：物质体、生命体（以太体），星芒体和自我体。“物质体”有着特定的质量、形体和大小（肉身），并趋向于衰灭，但“生命体”，或者叫作“以太体”所代表的是任何活着的东西都是生命，都是有生命力的，包括植物和动物。“星芒体”和“自我体”，掌管人的“内在光的力量”和“自我意识”。施泰纳认为，孩子来到这个世界，需要物质体、生命体、星芒体、自我体的平衡发展，而且有不同的发展阶段。如果仅仅让孩子做一个吸收知识的容器，而忽略了他们身体和精神世界的发展需求与特征，就会破坏孩子的生长规律，同时会失去良好的感受能力、适应社会的能力，以及建设生命的能力。

在生命的前三年，孩子们为了拓展自己身体的能量会不断地通过模仿和复制来扩大自己活动的范围。孩子们探索和成长过程就是他们从一个自由的小身体逐渐变成一个能够承担起责任，能够获得信任和给予他人信任的人类一员了。四岁之前是形成潜意识的时期，因为又同处于右脑发展领先阶段，大脑右半球主管图像、几何、绘画、想象、情感、空间等功能，此时用右脑接收的世界形象和生活情感模式会像血肉一样长在脑中，以后是怎么也抹不掉的。

潜意识板块形成以后，情感、意志、性格、气质的基础部分稳定下来以后，极难发生根本性的改变。潜意识是星芒体和以太体作用的结果。人们在潜意识中储存的恐惧、愤怒和痛苦位于星芒体和它周围的以太气场里，星芒体则完全存在于潜意识里。不论一个人是否愿意，从他的星芒体放射出的特定情绪或者能量频率都会吸引同样的能量频率，能量场相似的人会相互吸引。尽管一个人有意识地寻求成功、快乐或者爱，他的潜意识，也就是在星芒体中的愤怒、痛苦、怨恨、嫉妒或者对成功的恐惧都可能妨碍他实现有意识的渴望。所以想让孩子将来成为一个正能量且有所成就的人，家长需要尽可能多地为自己的生命能量储存快乐、诚实、勇敢、正直等正能量，才能够让自己的物质身体发出的意志与星芒体能量产生重合，从而对孩子产生正向的影响与作用。人生病时，首先是以太体或者星芒体生病了，星芒体中的负面情绪会破坏星芒体的结构，进而引起物质身体结构紊乱，引发物质体的病态，这就是我们常说的很多病其实都是由情绪引起的。

在华德福学校，无论孩子的天分如何，老师要做的工作都是帮助孩子的自我体穿透进物质的身体里面，因为自我体承载了人类的精神内核。所以华德福课程的设计，目的都是为了构建外在世界与内心世界的协调统一。人智学并不仅仅把一个人看作是一个会吃喝拉撒的生物体，同时需要体察到一些肉眼看不到的能量流动与发展的真相，也许这正是一种更高纬度的科学。从宇宙的宏观角度来解读人作为一种渺小又深具潜力的生命体，与整个宇宙的化学元素与现象之间存在着内在的联系。现代科学已经证明，人类的视觉与听觉只局限于一个比较小的范围，所以我们不能说这个世界的存在状态是以肉眼所见为衡量标准的。华德福课程把孩子看作一个巨大的感觉器官，并且同时照顾到人的整体的协调发展。

华德福教育体系对感官的培养与蒙台梭利背道而驰，它反对使用过多的局部感官刺激，他认为，通过外力对儿童的物质体产生作用时，会扰乱儿童正常的感官发展。他尊重和重视孩子的内心世界，在任何环境下，都该以温柔的方式对待孩子，不需要做过多的感官刺激。

事实上，孩子们从出生开始，身体的每一个部分都在发育和成长，他们从爬行到站立，再到自己迈出第一步。从用手抓着吃饭到用勺子吃饭，再到灵活使用筷子。从咿咿呀呀到能说出两三个字词，再到连贯的句子。每一项进展都是成年人肉眼可观的。但是对于内部发生了什么，也许并不被人们看到，事实上隐秘在深处的变化，同样非常重要。

关于构建内在精神力量，施泰纳是这么说的："贯穿一个人一生成长的成功力量来自生命头几年的发展。如果正确的形态发展出来，正确的力量便可生长。如果畸形的形态发展出来，畸形的力量便会滋生。"

目前领导华德福教育开展的是国际华德福协会，在英国有华德福教师培训学院。目前在中国，以华德福教育理念开展的幼儿园尚不足百所。

不得不说，任何一种教育模式的开展都离不开施教者，好的教育理念也需要施教者自身达到相应的水平，否则就是东施效颦。有句话是这么说的：肚子里有一桶水才能向他人倒一碗水。所以不管你是教育从业者，还是家长，在施教之前，首先需要不断提升自我。

四、瑞吉欧教育体系
——社会一体化

让我们先来读这首诗：

儿童的一百种语言

孩子是由一百组成的，
孩子有一百种语言，
一百双手，一百个念头，
一百种思考方式、
游戏方式及说话方式；
还有一百种聆听的方式，

惊讶和爱慕的方式；
一百种欢乐，去歌唱去理解。
一百个世界，去探索去发现。
一百个世界，去发明。
一百个世界，去梦想。
孩子有一百种语言，
（一百一百再一百）
但被偷去九十九种。
学校与文明，
使他的身心分离。
他们告诉孩子：
不需用手思考，
不需用头脑行事，
只需听不必说，
不必带着快乐来理解。
爱和惊喜，
只属于复活节和圣诞节。
他们催促孩子，
去发现已存在的世界，

在孩子一百个世界中，
他们偷去了九十九个，
他们告诉孩子：
游戏与工作、现实与幻想、
科学与想象、天空与大地、
理智与梦想，
这些事都是水火不容的。
总之，他们告诉孩子：
没有一百存在，
然而，孩子则说：
不，其实真的有一百！

这首诗由意大利著名教育家马拉古齐——瑞吉欧教育体系的创始人所写。马拉古齐用这首诗充分表达了对孩子们多样性的思维、性格、行为方式的理解，力图用一种宽容、善意的态度去对待孩子们难以想象的潜力，并且对孩子们天真无邪的言行表达出了全力的支持。

瑞吉欧是意大利的一个小城市，以城市命名的教育体系，也不是没有来由的，因为瑞吉欧教育系统的创始人马拉古齐出生于这座小城。意大利绿、白、红三色国旗就是从瑞吉欧市率先使用的。二战结束以后，当地居民急需重建自己的生活。无论是在物质层面、社会层面，还是精神层面，都需要有能给人们带来信心的新思想与社会结构，人们将在原有基础上对社会进行改革并建立一些新的组织。

二战后，当瑞吉欧市刚刚从战争中得到一些物资，就由公民们以共同的心愿提出用这些钱来建起幼儿园与剧院，以保证孩子们不会再遭受战争所带来的苦难生活。所以瑞吉欧教育系统从一开始就是来自人们在战争创伤的生活中准备重新建立起对生活的希望中成长起来的，凝聚了所有居民共同的梦想，也决定了日后发展的性质是全社会参与学前教育系统的工作。

1945 年，瑞吉欧教育体系的创始人马拉古齐还是瑞吉欧市的一位小学老师。当他看到一座新的幼儿园在全体居民的努力下建成，他激动地表达自己的心情："我回到家，思绪万千，心中的惊叹甚至比快乐还要强烈。那些村民、女人们，农场长工、工人和农民本身就经历了巨大的创伤。但是，就是这样一群人，在身无分文，没有任何技术、办公场所，也没有教育部门或是政党派来援助人员的情况下，凭借自己的力量一砖一瓦地建造了一所幼儿园。”马拉古齐在震惊之余，深受鼓舞。他下定决心准备和这些人在一起，投入后半生的努力，彻底改变人们的生活，以满足那些深受战争与政局不稳荼毒的家庭实现对教育的渴望。他穷尽一生将自己在戏剧、新闻、体育和政治方面的经验与教育工作相结合。马拉古齐是一个求知欲旺盛、具备艺术家眼光和素质的人，所以他在做学前教育的过程中，并不会循规蹈矩地使瑞吉欧的教育梦想失去生命力，就是这样一位极具创造性的艺术家创造了瑞吉欧教育的神话。

马拉古齐经历了二战时期特定的历史、文化和政治环境。六年的战争使他的青春被消耗掉，他感受到了国家政局波动和战争对家庭教育产生的很多负面影响，人与人的关系非常冷漠，都力求自保，让整个社会系统呈现出一盘散沙的悲观状态。这种苦难的经历使马拉古齐和倡导建立幼儿园的人们坚定地认为，再也不能培养对周遭所发生的一切不闻不问的下一代，他和他的合作者们想赋予孩子们把握自己命运的机会。

20 世纪六七十年代，是意大利国内混乱时期。社会新工厂激增，政府需要顺应这些变革。在重重困难中，马拉古齐得到了当地妇女的大力支持，筹集到了建设学校所需要的资金。当时的人们普遍认为，不能把幼儿园建成暂时看管幼儿的仓库，人们希望可以使幼儿的个性得到塑造。瑞吉欧市的居民向市政府倡议，希望政府能够接管1945年后建立的幼儿园，马拉古齐得到了市长的支持。就这样，在全市居民命运共同体的理念影响下，1970年，马拉古齐带领居民成立了瑞吉欧第一个针对3个月婴儿至3岁幼儿的婴幼儿中心。此后，幼儿园和婴幼儿中心数量不断增加。截至2004年，瑞吉欧的婴幼儿中心为超过4000名儿童提供服务。同时，马拉古齐的教育理念在现实的学前教育工作中不断成长，取得了丰硕的成果。

当时很多关于城市区域层面、市政层面，甚至国家层面的政治斗争所带来的思想禁锢使教育工作缺乏创新，阻碍着孩子们天性中的美好感情与求知欲，并且这种矛盾与日俱增。于是瑞吉欧教育者们开始在现实中采取一些措施和行动。

瑞吉欧教育体系非常关注成年人、幼儿之间的人际关系，推动和鼓励幼儿家庭参与幼儿园、婴幼儿中心的工作，甚至包括人与环境资源和社区甚至整个社会的关系。马拉古齐之所以把幼儿园与社会大体系、大系统融合在一起，是想借由这种运营模式从根本上将孩子们的自我感延伸到感知他人和他人所处的环境，使孩子们不再困于小我的局限。这对于培养孩子的社会性，在社会系统中更好地成长和发展人的自然性具有不可估量的意义。这种教育理念的结果就是将儿童很自然地融入整个社会组织和关系中，让儿童的兴趣在各类表达中发芽，任何环境都可以成为有趣的课堂。这种教育模式就好像非常深厚的地基，使教育不会流于表面形式，能够促进具有实践性意义的事情落地。

瑞吉欧教育体系成功地促使政府作为幼儿教育的依靠和后盾，使政府和教育机构的职能和财政支援挂钩。瑞吉欧婴幼儿中心协会得到了市政府的资金预算支持，直接由市政府及相关单位运营管理。正常情况下，幼儿进入瑞吉欧幼儿园后会有一段较长的培训阶段，这个阶段也是为了让幼儿适应这里的环境，同时幼儿园与家庭建立起相互支持的关系。入园是免费的，只有食物、交通等服务会收费，甚至假如幼儿父母没有能力支付服务费用，可以向有关机构申请减免 50% 的费用。

瑞吉欧的学校在城市中随处可见。幼儿园的建筑是一体化的，给孩子们提供了多感官的体验。在一个大大的广场周围，就是瑞吉欧的工作室、教室、食堂和厨房，是一个整体的相互连通的建筑，孩子们在其中可以自由穿行。创意空间的建筑材料和装饰非常适合孩子们学习和生活，是一个让孩子们感觉非常舒适的人文环境。

和蒙台梭利的儿童之家一样，瑞吉欧也有创意空间提供给孩子们生活并使用。创意空间的环境是由专业人士从美学角度精心设计和装饰，其宗旨是培养孩子们独立探索和发现的能力。以最大程度利用整个空间，用自然光线和人造光线的作用展现出不同的层次，引人探究光影交错的秘密，使空间灯光色彩有机的协调，给孩子们无限遐想的空间和带来美好的感受，所有材料和装饰都结合了美学、感官和功能几方面的需求。

瑞吉欧的婴幼儿中心分为四个年龄组，和现在我们所熟知的幼儿园的类型很不同。因为瑞吉欧的幼儿园收的孩子年龄都偏小，婴儿班 3 个月到 10 个月就可以入学了，幼儿一班接收孩子的年龄是 10 个月到 18 个月，幼儿二班是

10个月到24个月，幼儿三班是24个月以上的孩子。瑞吉欧的婴幼儿中心接收不同特质的孩子，包括残疾孩子。残疾孩子可以享有特权，甚至他们会被排在等候入学名单的前列，教学协调团队中也有专人负责监督残疾儿童的入学审批进度。残疾儿童可以插到正常的幼儿班级中。同时，在适当的时候，该班会配备额外的教师对残疾儿童进行一对一的辅助。

瑞吉欧教育重点关注孩子创造力的培养，这是瑞吉欧教育者与幼儿相处方式的核心。创造力是这种苦难命运中实际应用于现实生活、改变命运、创造幸福生活的一个有力武器。这就注定瑞吉欧教育系统的创新并不是空中楼阁，它致力于对创造力本质的反思，致力于让幼儿做有创造性的表达，成为有独立想法的个体，让孩子们有自己的能力、独特的理解力和与世界互动的方式。

为打造孩子们的创新能力，瑞吉欧教育建立了创意回收中心。将当地工业拒收剩余和回收的材料比如商品外包装、电子部件、玻璃、各种纤维材料、纸和卡片等收集起来，作为提高创造力的项目的资源。创意回收中心同时也是文化中心，这里有艺术家、设计者和创意专业人士组织的培训课程和工作室。在工作室，孩子们可以进行创造性的学习和实践，用建筑材料、自然资源、黏土、金属丝制造数字技术设备和乐器，旨在全力培养孩子的创新能力。

瑞吉欧的教育者会根据他们不同的性格与爱好以及社会背景，把孩子们分成不同的组，这在其他幼儿园是未曾做到的。这种有针对性的开拓式教育方式并不会产生种群歧视，能使孩子们按照自己不同的社会性特点，受到有启发、有针对性的教育。根据他们学习的情况而获得不同程度的进步，每个组别每年都会更换教师。

瑞吉欧教育成功的挑战融合了很多事物的两个极端或者距离甚远的两个领域，比如艺术与科学，个人与集体、儿童与成人、欢乐与学习、核心家庭与大家庭——瑞吉欧做了非常科学与适当的调整，充当了桥梁和溶解剂的角色，让这些对立的或者存在隶属关系、人文链接的上下游领域成为一体化的系统。显然并没有永久的解决办法，但是瑞吉欧早已意识到这种两难的境地，却仍然毫不动摇的、持续的依靠热情与创新，用富有想象力的态度去解决困境。这种探索与前进的精神，使瑞吉欧的学生能够不断从中受益，而这种人性的光辉终将会伴随孩子的终身。

瑞吉欧教育体系提倡孩子和成年人是知识的共同创建者，他们之间的关系是公平的，孩子并不是成年人的附庸，也并不是比成年人更低级、更无知的人类的存在。成年人必须尊重并重视孩子们对世界的看法、思维和观点。成年人并不把自己的观点强加于孩子们，而是根植于现实的世界，让孩子们了解或体验事物的真相，从现实的亲身经历中对世界获得认知。成年人的知识、技能和专业给孩子们提供参考的资源，这在很大程度上给孩子们的成长提供了良好的土壤和光明的方向。成年人提供有趣的体验，促使孩子们的思维进一步深化，做进一步的探究和调查。孩子们和成年人共同创建项目并实施，在这个过程中，他们与成年人开展讨论。成年人鼓励孩子们通过绘画的形式表达他们的观点，并且鼓励他们使用工具和图片向所有成员解释他们的观点。这对于孩子们发展其对符号语言的思维意识，进而修改自己的理论，加深自己对事物的理解，具有积极的作用。

在瑞吉欧幼儿园，每个班级是由两名教师组成的团队负责。教师们积极参与到孩子们的游戏中，向孩子们提供有趣的资源和方案，并鼓励孩子们进行交流和讨论，尊重孩子们对事物的认知，记录孩子们的问题和思想。在工作中，教师们互相帮助观察、记录和阐述孩子们在活动和互动过程中的反应。教师们之间会经常讨论孩子的成长，为见孩子父母做计划、准备资源材料，并随时准备拓展和提升工作的质量。

倡导瑞吉欧教育的老师们还会组织很多活动释放幼儿的创造力。他们会把孩子们分成几组，前往瑞吉欧市的各大区域，调动一切感官探索环境，带孩子们到街道闻街上不同物体的味道。比如花的香味、教堂里基督塑像身体的香味、蜡烛烟熏的气味、墙散发出来的气味、公共汽车上的气味、咖啡馆里咖啡的气味、香烟的气味、面包的气味，等等。通过这种细微的体验，鼓励他们更深层次地理解气味，并探索相应的情感反应。回到幼儿园后，教师请孩子们基于自己的体验进行讨论和反思，通过不同方式表达他们对城市的感觉和看法，探索自己表达感觉的范畴与方式的多样性。教师鼓励孩子用绘画和黏土作品来展示不同的气味，这有点类似于后现代主义的艺术创作。在时下的中国，也有一些艺术家在做这种行为艺术。

再比如，让孩子们去实践一个名叫“剧院的窗帘”的项目，请孩子们为市剧院设计一幅窗帘，窗帘要很大很漂亮，要具备某些配合演出的功能，并且可以让很多人看到。教育者们带领几组孩子在十天之内反复参观剧院建筑，并研究剧院内部与外部的各个细节，从各个角度绘制设计图，让他们运用所有的感官看、听、摸、闻，体验建筑内部的构造。这个过程有些复杂，因为在绘图的过程中孩子们想把昆虫的形象印在窗帘上，并且要用电脑制作出图片等，历时好几个月的时间。但是通过这项实践活动，老师充分地了解了每个幼儿的性格、技能、爱好和态度。他们不停地反思和试验可行的方案，研究策略，应对不确定的因素。在这个过程中，他们实现了团队合作致力于完成一件事情，对帮助孩子们发展团队协作精神、实践精神和探索精神是很好的锻炼与促进。这个过程对孩子们长大和成年以后参与社会实践，并在事业中有所建树具有十分积极的意义。

瑞吉欧教育者们非常重视观察和记录，对每个孩子在幼儿园的表现进行详细的记录。将孩子们看作幼儿教育理论问题的持有者和建设者、文化的承载者、传授知识的共同参与者，记录的过程是一种倾听孩子们内心真实状态的方式。即使幼儿的语言和表达方式有时候并不能完全被成人所理解，但是瑞吉欧的教育者们坚持记录，并形成一种循环，通过观察与理解，记录婴幼儿的言行，然后组织教师对记录进行深度理解和讨论，在此基础上再进行观察和理解，然后再进一步进行文档记录，并进行更深一步的讨论与理解。这种记录并不仅仅停留于表面，如此循环往复的螺旋式沉降和深度理解的过程，对于觉察婴幼儿的成长规律，以及发现他们在成长过程中智慧增长的节点与潜力非常重要。这个过程和雕塑家完成一件雕塑作品有异曲同工之妙。

瑞吉欧的教育者们将记录视作宝贵的财富，在教师们阅读、理解、体验的基础上，不断地对孩子们进行评估和理解，这对于提升教育者的观察理解能力非常有意义。瑞吉欧的教育者们在做记录时常常能够感受到孩子们卓越的天赋所展示出的高超的启示与美好的感受。

对孩子们来说，记录能够让他们重新体验之前的经历，记住自己的想法和意见，感受教师对他们的重视。对孩子父母来说，记录则帮助他们了解孩子在幼儿园做了什么，使他们能够深刻地理解孩子的成长规律。对更多的人来说，记录证明了孩子们的潜力，也值得人们赞赏与肯定。

五、世界著名教育体系的启示

启蒙教育是人类整个教育系统中最为重要的一部分。我通过深入了解这四大世界知名的教育系统，最后发现它们背后都有一个强大的理论支撑。

启发生命力

福禄贝尔提倡孩子应该感受到生命力。他这样赞美孩子的生命力："少年儿童的生活和表现显示出对一种富有生命力的、充满生命气息的感觉及预感，通过这种气息，一切事物的生命得以延续，一切事物被这种气息无形当中紧紧包围，如同鱼被水、人及所有生物被清洁纯净的空气所围绕一样。"这说明一个人要是没有生命力的话，做任何事情都不会有动力。家庭和学校都应该是培养孩子们生命力的地方，我们绝对不能扼杀生命的意义和希望。在现实中，无论是学校还是家庭，教育者对孩子们实施的教育应该有一种意识贯穿其中，这就是培养与呵护孩子的生命力成长。成功的教育，不是要求孩子拿高分，而是培养出一个健康、阳光、乐观的孩子。

华德福教育体系针对人的深层意识的教育，协助孩子成长为自己，最终培养具有超越物质、欲望和情感的洞察力与判断力，并结合与生俱来的灵性、智慧和本质达成自我，最终找到自我的定位和人生方向。

尊重每一个生命

无论是蒙台梭利教育体系，还是瑞吉欧教育体系，他们都没有把残疾儿童当作一个非常特殊的生命。蒙台梭利关注儿童教育，是从残疾儿童开始的。瑞吉欧的教育体系把残疾儿童放在正常班级中，并派老师专门予以指导，给残疾儿童充分的关爱和活动的空间与自由。

只要我们是从尊重与热爱生命的角度去呵护、培养孩子，我们对教育的认知总会不断进步。

建立宏大又深邃的教育体系

教育是一个动态过程，它需要施教者和受教者共同参与完成。而这对于从事教育的老师素质要求是非常高的。比如蒙台梭利的教育体系，如果老师没有宏大精深的心理学和教育基础知识，就很容易把蒙氏教育办成过分放养的教学风格。因为对小孩的细致入微的观察、有针对性的引导，并不是一些学识普通的老师所能做到的。

瑞吉欧教育虽然是一个幼儿教育系统，但是它的根深深地扎在了社会整个大系统中，并且把市政府以及全社会的资源全部纳入其中。瑞吉欧教育体系在以下几个方面值得我们学习和借鉴：第一，细致和深刻地记录孩子的言行。第二，帮助孩子们形成并表达自己的观点，倾听孩子和尊重孩子。第三，着重对孩子创造性思维的培养，因为创造性思维的理想状态是在肯定自己的同时肯定他人，并承认自己与他人的不同之处。第四，让孩子们认识和接受自我的个性，并且帮助孩子建立起进行社会交往的基础。第五，教育者引导和培养孩子们与伙伴进行多种不同思维和交流想法的方式，达到一种非常多样化和自由的状态。这些教育方法非常有利于培养出既具有创造性，又能团结协作的孩子。

鲁道夫·施泰纳的华德福教育体系，博大精深，揭示了人的身心灵的内在联系与真相，有利于培养创新能力和人文精神，也非常有助于孩子与这个世界相联系。

更新人们对学校与教育的认知

如果我们问一个问题：学校是做什么的？大家毫无疑问都会说学校是学习知识的地方，或者说学校是接受教育和成长的地方。但是，福禄贝尔对学校的定义是："它是一种组织，它致力于让学生认识到事物与自身本质和内部特性，教他了解并使其意识到各类事物彼此间的内部关系，对人及学生的关系，还有对一切事物生命的本源和不言自明的统一体。"简而言之，福禄贝尔认为学校是教育孩子们认识事物的内在规律的组织。

如果我们再问一个问题：教学的目的是什么？大家毫无疑问地会说教学是让学生掌握知识、学会做题、学会做人的道理、学会技能，让学生考上大学，走上社会以后能够运用所学的知识生存。福禄贝尔对教学目的的定义是："让学生获得有关一切事物扎根、与所存在的世界之间的见解，以便学生能够有朝一日按照此类见解去处理生活中的问题，并进行各类活动。”在他看来，学校和教学的真正目的都是为了让学生认识到事物发生的内在联系和本质。那么我们可以反思一下，如果我们把所有的教学活动都当作碎片化的知识传授，而找不到内在的规律，孩子们就无从了解万事万物的真相，孩子们认识事物本质的能力、对于现实的思考能力和实践能力也会大打折扣。也许我们在过去的教育中很少会想到应该把注意力放在教孩子们认识事物之间的联系以及内在规律上，这是我们的损失。

人在共性中怎样发挥个性的光芒，以及在个性的发挥中怎样促进共性的进化与成长才是最重要的。在集体中，一个人最恰当的生活方式是应该在共性中，活出自己个性的光芒，并且用这种个性的光芒发展共性的正能量力量，不断让它壮大和成长。正能量的人可能会承担的更多，但在坚持正能量的过程中，生命一定会给所有的付出者支持与幸运。瑞吉欧教育体系将学前教育与社会管理机构有机地结合起来，将个体的潜力与集体的动力巧妙地融合在一起。

第五章　家庭的力量

一、和谐掌控着家族命运之轮

如果把人类世界比作一个多姿多彩的世界，那些优秀的家族就像一棵棵大树播撒出优良的种子，为后世一代代的传承打下牢固的根基。家族命运的延续，需要建立在每一位家庭成员的不懈努力之上。家庭成员之间浓厚的感情，使得孩子从小就感受到浓浓的爱意，这种家庭所带来的温暖是丰厚的养料，它能滋养每一个孩子的心灵。家庭成员的和谐程度是对后代的发展最先产生影响的。

平和幸福的生活，是一个家族延续的保障，需要一种柔和、温暖、智慧的力量去维持。无论男女，缺乏这种品质，只能让自己终身徘徊于幸福的家庭生活圈子之外，让自己的才情和力量作泣血之歌，却不能让家庭生活焕发神采之光。成长需要温润的土壤，也需要电光火石般的勇气。

民国时期才女林徽因和陆小曼，出生在相似的家世背景下，同是名门闺秀，同是被富养出来的女儿，两个人都见多识广、聪明伶俐、优雅大方。但在家庭给予的不同的爱和教育的引导下，从告别少女时代开始她们就走向了截然不同的人生。一个在父亲的引导下自强自立，用大爱来改良社会。一个因从小被溺爱，以依附作为人生底色，一生都在寻求爱。不同的人生选择给她们的晚年埋下了不同的伏线，不同的人生道路给后世展现了不同的爱、不同的格局、不同的价值观。我曾在一篇文章里看到过这么一句话：一个为自己奋斗的人会直接输给为家族奋斗的人，一个为家族奋斗的人会直接输给为民族奋斗的人。

我们给人的定义是社会关系的总和。也许我们认为我们是住在房子里的，其实孩子是住在母亲心里的，爱人是住在彼此心里的。世界上最好的房子都不如挚爱的心那么温暖和安全。人们常说，家是一个人的避风港，因为那里有爱的存在。我们都应该相信，一个有爱的人一定是受家庭影响的。刚出生的孩子，如果没有父母和亲人在身边给予无微不至的照料，无论如何，内心都不会生长出爱的力量。内心有爱的人，给别人的反馈，总是爱的循环；一个总是受到打击和伤害的人，可能受到一点挫折，就会产生自闭、攻击、抱怨，沉浸在痛苦中，甚至会得忧郁症。现实生活中的一切心理问题追溯其根源都是爱的缺失。

爱

阳光是太阳对万物的爱
飘逸是云朵对天空的爱
奔跑是海浪对大海的爱
盛开是花朵对大地的爱
欢笑是孩子对父母的爱
绽放是人类对生命的爱

父母对孩子好，是内心对他有一种天然的爱，有一种为人父母的责任和义务。如果父母抚养孩子时只给予其生理需求的满足，而没有精神财富的传承，则等于没有给孩子完整的生命。

我们都知道每一个孩子身上所表现出的品行，都可以折射出其家长的人格品行，也可以折射出他们家族的文化。所以说，要解决孩子出现的问题，就得先解决家长的问题，而家长的问题无疑就藏在他们家族的文化系统中。当然，我不是为了让大家刨根究底地去向上一代人追责，只是为了让大家了解家族文化对每个人产生的巨大影响，从而让自己有意识地从原生家庭的缺陷思维当中走出来，不要再继续复制长辈的思维方式和行为模式，不要再进入代代相袭、无法挣脱的死循环当中。如果认识到家族的某种思维缺陷，那么我们就要从自己开始改变，建立一个全新的、更好的家族文化系统，并实施于孩子的养育教育过程中，最终让子孙后辈在良性的循环中一代代传承。

二、爱创造成功

我国台湾地区有一位叫金惟纯的成功人士，有着“台湾第一才子”的称号。他是一位遗腹子，他的妈妈生他的时候才18岁，而且还是个文盲且身处异乡。妈妈很辛苦地养大这个孩子，她没有文化，没有资源，没有人扶助，只有用“打”这个方法去教育自己的儿子。虽然她不懂教育，经常打骂这个孩子，但是儿子却在之后的自我教育和自我成长过程中，内心产生一种自信，他知道不管妈妈怎么打怎么骂自己，妈妈本质上都很爱他，这就足够了。他就有动力去把人生该补的课一点一点补起来，并且最终成为一名成功人士。他说，是妈妈给了他最好的人生，给予他无条件的爱，这是没有附加条件、不求回报的爱。因为除了爱再没有其他，是爱成就了他。无条件的爱是成就一个人的源头力量，是一个人内在的能量，是为幸福生活奋斗的内生力量。一个人能够感受到深厚的爱，就会自然而然爱这个社会、爱整个世界。

商业奇才乔布斯能够成功的原因，是他非常幸运地遇到了深爱他的养父母。他是一个私生子，母亲生他的时候还是一个在校大学生，所以不得不给他找了养父母。他小时候受到其他小朋友的嘲笑，他的养父母就会直直地看着他的眼睛，一字一顿地告诉他："不是这样的，史蒂夫，没有谁遗弃你，是我们特意挑选你的。"这种方式极大地抚慰了他那颗受伤的心灵。他的养父母对他一直非常好，竭尽所能满足他的各种要求。小时候有一次因为他不愿意在一个学校继续上学，向养父母提出转学的要求。他的养父母为了满足他的心愿，搬到了另外一个地区，用所有的积蓄重新买了一座房子。要上大学的时候，他选择的学校学费非常昂贵，但是他的养父母咬紧牙关、节衣缩食，把他送到了这所学校。他成功以后，提到他的养父母，是这样说的："他们百分之一千是我的亲生父母。"天才乔布斯能力卓越、学识渊博，但他认为这些因素都不是他成功的最重要的因素，最重要的是他养父母给予他无条件的爱，让他的自信心无比强大，让他有一种超人的毅力和能量去完成自己的梦想。

孩子得到了足够的爱，就等同于得到了足够的安全感，如果不能给孩子足够的安全感，那么他会花一辈子的力气去追寻安全感。无条件的爱，就是给予安全感的一个重要因素。爱是促进人性成长的阶梯和工具。我们对所有美好事物的喜爱都是因为我们对于自己人性本质的认可。

三、本能直觉通往力量之路

一位宝妈分享给我发生在她家里的故事。她儿子小的时候，大约两岁多，突然有一段时间，对于家中所发生的事情，他都勇于承担责任。这些日常发生的事情，无论是打碎一只碗，还是椅子摔倒了，抑或是拖把没有放在水池里，又或者是把桌子上的东西碰到了地上。当有人问“这是谁干的？”时，他立刻冲在前面，拍着他的小胸脯，自豪地大声说：“我！”妈妈对这个现象感到非常好奇，因为她不知道宝宝是出于什么原因这么容易和喜欢承担责任，而这个事情并不是他做的，他也要去承担起来。于是她暗地里观察每一位家庭成员，突然发现家里的一位长辈，有一个根深蒂固的行为方式，就是即使做错了事，也坚决不承认。这些想法和做法，大人从来不会给孩子坦白，也不会主动教孩子去做一个拒不承认自己错误的人。她的宝宝不知道怎样领会了这位长辈的内心状态，她猜想宝宝一定是用内心感受到了这位长辈心理的矛盾与惶恐。

一个只有两三岁的幼儿可能并不明白长辈为什么这么做，以及他自己包揽和承认错误的意义是什么，但是有一点他是很清楚的，这些破坏性的小事故肯定不是一件好事情，不像一块甜美的蛋糕，或者是一个他心爱的玩具那样让他心生欢喜，那么他为什么要勇于承担呢？并且他并不明白他承担以后，等待他的会是什么？他不明白是会受到责罚还是受到表扬？肯定没有人去表扬他。大家对他的勇敢行为哈哈大笑，只是觉得很好玩儿，笑称他是最勇于承认错误的人。他虽然不懂什么道理，但是他想用自己勇敢的行为，毫无负担地站出来，承担家里的一切错误。对于一个幼儿来说，这算得上是极其大胆的行为了。当然所有的家庭成员还是一如既往地爱他。

这位妈妈突然明白，这个小小的孩子并不具备刻意思考的能力，但是他以实际行动向她说明和示范了一个家庭成员即使在做了错事的情况下，依然可以获得无条件的爱。她同时感悟到了亲人之间的爱是不带任何条件的，也许这位长辈会从此改变心态。一个人把真实的自己和犯错的现实展示给自己的亲人，亲人一定会原谅你，拥抱你，并且永远爱你。这个小宝贝什么道理都不懂，但是却用爱作为本能，感受家人的负面情绪并以自己的方式去探索、去解决。我们应该感恩孩子，因为孩子的存在，让我们的生命完整，让我们的生活有趣，让我们成为一个真正意义上的人。

每个人在出生的前几年，都是以其本能的直觉与周围的成人建立密切接触和情感联系。这时候的孩子都还处于右脑发育的领先阶段，右脑所具备的超强的感知力会让孩子看穿成人的一切行为模式，并且依靠天然的吸收力，从周围的环境中获得各种各样的文化模式并使之成为其心理的一部分。而由父母或家庭成员的身体力行、言传身教所提供的一切外部经验，也都将永久不衰地记录在每个人的人格烙印上，这种烙印将会在人生的过程中自动出现，贯穿人生的始末。事件中小男孩的行为以爱作为本能，同时以行动作为他拓展意识领域的尝试。家人对于他勇敢担当错误的行为并未生气，这无疑帮助他建设了勇于承认错误、承担责任的意识。假如他的包揽承担引发家人生气，并给自己带来了责罚，那么他在未来的人生路上对于错误还会选择承认、还会选择担当吗！

四、家庭生存模式决定社会发展层次

在原始社会，人们首先面对和解决的事情是生存，礼仪、艺术、制度等社会要素的出现，是在解决了生存问题之后才出现的。不难想象，越是在社会的初级阶段，生存的需要就越迫切。

2021 年 4 月初，我又去了闻名中外的普洱茶故乡云南勐海县，看望茶山上的老朋友们，顺道去西双版纳游玩。傣族过去有一个传统的生活习惯，他们每一个大家庭都是共用一个卧室的，大家庭里的更小的单位——每一对夫妻共用一顶蚊帐，来让每一个小家庭彼此区别。老年人用黑色的蚊帐，中年人用彩色的蚊帐，年轻人用白色的蚊帐。这让现在的人们很不理解，认为这样的生活方式很不科学。

但是可以想象，在过去，傣族都是生活在原始森林之中。他们经常会面临许多危险，比如猛兽、毒蛇、暴雨等不可预知的因素，一家人晚上睡在一个房子里，大家才有安全感，才能体现全家人共同面对一切的生活态度。

生活在城市里的人们，家庭成员之间都很独立。每一个人都有自己独立的卧室，小孩子很早就住在属于自己的卧室里。在没有为生存安危考虑的因素之后，人与人之间就有了合适的生活距离，人们对社会生产与分工的参与也更加深刻了。一个人可以通过自己的工作，为社会的发展做到一些基础性、服务性、意识进化、科技进步等方面的工作。人们发光发热，发挥着作用，让社会这个庞大的机器系统不断地前进和发展。

而在原始社会，全家人只能为了生存与危险斗争，不得不挤在一间卧室里，他们能够参与的社会生产与分工可能只是种植与狩猎，这从他们的家庭生活方式就能够看出端倪。

所以，我得出了这样的一个结论，人们为生存所担忧的越少，生活方式越能够保障安全，他能够参与的社会生产就越深刻、科技含量就越高。这也许只是人类社会发展模式中的一个小小片断，因为人类未来的生存方式是非常难以预料的。但是有一点可以肯定，未来，在人们的沟通交流、生活方式、发展模式中，爱的因素所占的比例一定会很高，比起物质层面，人们从内心深处更加重视精神层面的持久满足感。也许到那时，在面对生存的考量中，安全只是一个理所当然的、不用刻意思考，甚至可以忽略的因素。

在每一个家庭中，孩子与父母、兄弟姐妹团结在一起，能够使彼此间的感情升温，在更高层面的精神上达成一致。这种命运共同体的感觉，会让全家人团结并一致对外，进而使家庭成员无师自通地理解了人类共同处于一个联合体当中。这种一体化的感受，是一个人形成具有荣誉感的人格的开端。无论在什么样的社会形态中，我们都应该尽早培育和增强孩子们对于家庭成员之间的精诚团结、构建命运共同体的主观意识。

五、家庭教育困惑汇总

认为婴儿没有学习能力

其实婴儿的语言学习能力超乎所有人的想象。不要看一个小婴儿整天吃了睡，睡了吃，睁开眼睛发呆或者嬉笑，他们却具备成人所不具备的完美的语音分辨能力，从五六个月时，婴儿开始注意到语言中的语调和语气的细微变化。6～8个月的婴儿能够区分世界各民族语言中不同的语音，可以说是人的一生中辨音能力最强的时期。10 个月以后，婴儿的辨音能力急速下降，开始根据其周围的言语环境改造修正自己的语音体系。12 个月以后，婴儿逐渐成为只能区分自己母语语音的受文化局限的倾听者和学习者。

所以父母不要忽略 10 个月之前的婴儿天才般学习语

言的能力，他们这个时候学习语言是最适宜的。家长可以经常给他唱歌，给他说话，放各种美妙的音乐，让他辨认尽可能多的语种的字母和初始发音。这样做可以给他将来轻松学会多国语言而打下良好的基础。

教育者将教育行为等同于效果

在教育的过程中，我们应该明白，家长所做的努力与实际中孩子所获得的成长是两套系统。很多家长一厢情愿地认为自己所做的努力非常伟大、非常重要，似乎理所应当得出了孩子已从中受益的结论，但这只是一种想当然地认为。我们只有在实践中、现实中看到孩子的真实进步与变化，才能说，这个教育是行之有效的。

“直升机父母”

为什么很多父母在管教孩子的时候，不知不觉就成了“直升机父母”。这样的父母就像一台直升机一样在孩子的脑袋边从早到晚不停地嗡嗡嗡。原因很简单，这样的父母经常性地忘记孩子的需求，只想自顾自地发挥作用，并没有认真观察孩子的心理状态，只想让自己做一个问心无愧的家长，展现他们为人父母的责任。“直升机父母”保护下的孩子，不但没有主观能动性，甚至会产生逆反心理，变得懒散、沉默、被动。

父母眼中只有别人家的孩子

很多父母习惯性的有一句口头禅：“看别人家的孩子”，认为用别人家孩子的优点跟自己家孩子的缺点相比，会促使自己的孩子更努力地超越别人。其实这是一种非常愚蠢的做法，不止会让孩子的内心很受伤，摧毁孩子的自信，还会有意识地给孩子种下攀比的种子。当这种攀比的种子慢慢发芽时就形成了嫉妒，再慢慢开花时，就形成了愤怒与仇恨。一个心存嫉妒和仇恨的人，他们的能量状态是非常低的，很难想象这样的孩子长大以后会有什么样的厄运。

攀比是可以存在的，但参照物不是别人，而是自己。只有让孩子不断向自己发出挑战，不断超越自己，才是行之有效的教育。父母应该帮助孩子建立自信，以身作则，引导孩子喜欢自己、接纳自己、超越自己。只有自信的孩子才会欣赏和认可别人身上的闪光点，才会主动融入优秀的队伍并与之同行。

父母毫无理由地认为自己永远是正确的

有些父母认为自己的言行就是孩子的最优行为准则，孩子必须无条件服从，不能有任何反驳。其实父母完全不必把自己的认知强加于孩子，因为在信息爆炸与物质高度发达的今天，孩子的认知水平远远超过父母小时候与孩子同龄时期的认知水平。父母只需要创造机会，引导孩子探索和实践，让孩子自己认知到事情的本质，才是最符合他的心理状态的。父母有的时候给孩子讲话，要好好思考一下是否会出错，如果意见不一致，也不排除孩子的观点是对的可能性。父母以为自己很有社会经验吗？其实有时候经验并不一定是最好的答案，更广泛、更科学、更多元化的思维方式才是。

父母总想在孩子的精神小花园里占有一席之地

每一个孩子都有属于自己精神世界的小花园。作为父母，就是要帮助孩子把他的小花园建设得生机勃勃、花朵盛开、阳光明媚就可以了。父母完全不需要跑到小花园里去发一通威风，甚至当孩子花园里的国王，那是一道并不美丽的风景，孩子才是花园的主人，并且这座花园百分百应该由他自己去建造和拥有。

看到孩子冷漠时，父母却要做万年冰山

青春期的孩子，如果对父母冷若冰霜、不理不睬，这背后的语言其实就是：他内心非常渴望父母的爱。有些家长面对自己青春期的孩子，感觉无奈又气愤。孩子不肯同自己交流，自己也干脆赌气不理会他。作为父母，不应该转身离去。青春期的孩子荷尔蒙不稳定，再加上他面临心理和生理状态的转型，内心压力非常大，缺乏能力去协调好自己的内心与世界进行衔接和共建。这个时候需要父母有更多的耐心去安抚孩子，而不是和孩子对着干，不是他冷你更冷。

成人的叠语词其实不可爱

成人喜欢用什么语言和孩子谈话？吃肉叫吃肉肉，狗叫狗狗，帽子叫帽帽。其实，这种语言对于 3 岁以上的孩子而言是错误的词汇，浪费孩子的精力，导致孩子长年累月处于幼稚的精神世界里，会严重影响他的心理成长和健康，束缚他的精神发育。

分不清放纵和静待花开的区别

近些年，很多中国父母盲目效仿国外的放养教育，尊重孩子的选择，不给孩子增加任何压力。但很多家长放养的结果就是后悔。因为经过这样的放养，孩子一无所成，大家都感到非常后悔。甚至一些优秀的名人也摆脱不了这样的遗憾。某著名歌星在歌坛中是殿堂级人物，他和太太在教育孩子的过程中，一直崇尚快乐和放养教育。他们从来不会强迫孩子做她不想做的事情。但最终，他们表示后悔了，因为用这样的教育方式得到的结果就是孩子在音乐方面没有任何发展，也没有形成任何能够引以为豪的才华。

放养，有时候把握不好，就成了盲目的放任，最终无法培养出优秀的孩子。而真正的放养，是有一定的规则指引和良好习惯的制约的。既要顺其自然，又要用一些技巧和方法激发孩子的自尊心、上进心。放养不是让孩子脱离正轨，而是用一种轻松、愉快、智慧的方法，让孩子自觉地走在正轨上，并且乐于主动挥洒勤奋的汗水。放养所需要的是大智慧，用一个巧妙的方法托起孩子的自尊心、自信心，让他感受到实现自我的快乐，孩子才会乐此不疲地为实现自己的人生梦想而主动付出努力，所以培养孩子内在成长的驱动力才是最重要的。

只想培养听话的孩子

有些父母只希望孩子听话，这样的家长不在少数。这样的家长希望按照自己心中的模型，把孩子打造成一个“工具人”，以满足自己的心愿。听话的孩子意味着个性与自我的部分已经被家长践踏，失去了独立思考的能力，失去了创造力，思想僵化，难以共情。

这样培养的孩子长大以后往往会成为最难沟通的人，最可怕的人不是没有思想，而是满脑子都是标准答案。当有一天，他们认识到了自己的局限性，想要觉醒和改变，迎来的将会是一个痛苦又孤独的过程。因为他们得先否定已经被灌输的价值观和人生观，然后用自己的力量逐渐培养和建立起一个新的价值观和人生观。事实上，有很多人用一生的时间都做不到改变，这个现象非常常见。这对于个人、家庭、社会、国家来说都是损失。提醒所有的父母，不要把孩子培养成听话的孩子，而是要培养孩子独立思考的能力，给他独立成长的机会，让他在现实中经受历练和成长。

把知识渊博等同于成功

孔子说“记问之学，不足为人师”，意思是说如果一个人只是在头脑里依靠背诵记住了前人的很多知识而没有自己的见解和想法，虽能回答上来一些常人所不了解的冷门、偏门的知识，却没有资格给人当老师。

现实中，很多家长唯恐自己的孩子学的知识太少，夜以继日地敦促孩子刻苦学习。只要听到谁家的孩子获得了硕士、博士文凭便羡慕不已，不由自主地把文凭与成功画等号，认为这一类学生就是有出息、有成就、有文化的人。持这种观点的父母培养孩子的目的就是让孩子大脑里吸收更多的知识。也许他们没有想到，有高文凭的人、知识渊博的人，其实并不等同于有文化的人。知识渊博的标志也许是高文凭，但有文化的显著标志一定是有修养，内心善良美好。教育就是帮助人们把人性最美好的那一面激发和展现出来。

妈妈位置的缺失

高尔基的一句名言最为中肯：“母爱是世间最伟大的力量。没有无私的、自我牺牲的母爱的帮助，孩子的心灵将是一片荒芜。”妈妈不但给了孩子生命，还是他们的引路人，是孩子内心形成安全感的一个重要来源。

有这样一种母女，妈妈因为保养得好，年轻漂亮，和成年的女儿在一起就像姐妹，她们也时常受到众人羡慕的目光，人们称她们为“姐妹花母女”。女儿和妈妈之间没有隐私，看起来就像朋友之间的关系一样轻松愉快。她们相互撒娇，平等对待，打打闹闹，讲一些闺蜜之间的私房话，甚至可以互换衣服穿。其实这种关系看似很和谐，然而对女儿来说却有一定的伤害性，因为她把妈妈当成闺蜜，就找不到母爱的感觉，女儿内心一定会有所缺失。在这样的母女关系中，因为存在着非正常的亲密，母亲对成年女儿的生活干涉也非常多，比如：造成女儿大龄未婚还被严格管束，或者女儿只喜欢和母亲在一起度过所有的业余时间；有些女儿婚后喜欢常住娘家，不能有很多精力照顾自己的小家，容易陷入相互依赖无法自拔的状态，从而影响自己的生活。

在孩子的眼中，爸爸是天，妈妈是地。这是他们内心形成安全感的一个重要来源。如果在他们精神世界和现实生活中没有妈妈的角色，这种内心的缺失会把他们带到一个难堪的境地。缺少母爱的孩子情感很脆弱，很容易被感动，对爱有着极度渴望。别人对他们稍微好一点点，他们就有可能把自己所有的事情都给别人倾诉，不懂得正确表达情感，没有安全感，没有归属感。在未来的现实生活中，他们就要在别人身上寻找到妈妈的感觉，凡是有人对他们好一点就会感激涕零，失去自我的边界。或者有些男孩在找对象的时候总对年长的女性有感觉，他就会不可遏制地被这样的人所吸引。这样的孩子在没有治愈内心的缺失之前，总会走在偏离幸福的轨道上。

爸爸去哪儿了

我们经常会看到这样一种现象，接送孩子上下学的人群以妈妈为主，带孩子上兴趣班、辅导班的大多也是妈妈，在各种群里探讨育儿话题的基本都是妈妈，那么，爸爸去哪儿了？中国青年报做过一个调查：94% 的受访者坦言，身边只有“影子爸爸”。

不得不承认，现在的孩子出生后，几乎所有的事情都给了妈妈，妈妈们承担了来自一个家庭最多的琐事，也承担了一个家庭最多的教育责任。然而，在爸爸缺席的情况下，孩子的教育真的好吗？如果说孩子在妈妈那里能获得爱，那么在爸爸这里获得的就是强大的力量。爸爸对孩子安全感的建立、性格的塑造、性别的认知、人际关系的处理有着重要的影响。

一个缺少爸爸陪伴的男孩子，长大以后会缺少该有的阳刚之气，也会缺少敢于冒险、敢于坚持、敢于挑战的精神力量。相较于爸爸陪伴时间充足的孩子而言，他们长大以后的责任心、合作意识、社交能力往往也会越差。而这些能力对他们将来的事业发展无疑起着非常关键的作用。对女孩子影响最重要的一项莫过于长大后的择偶。她们在长期缺乏爸爸陪伴的过程中，不会构建起对男性的基本认知，长大以后要么会找年龄大的异性来填补内心缺失的父爱，要么就是不会识人使自己受到伤害。

竞争的魔咒

有些人可能觉得没有压力的话，就产生不了好成绩，也许他还没有体验和认识到，在一种快乐的正向状态下，怎么来产生高效能的工作模式。恶性竞争能不能刺激学生，产生动力和创造力，从而让成绩提升？其实从长远看是不能的，但是真的会有一些短期效应，在高压之下会让成绩有所提升。因为竞争会让一个人产生恐惧和压力，肾上腺素分泌很多的时候的确会产生爆发力，但是这个爆发力所带来的结果，不单是貌似丰硕的短暂成就，肯定还有一些情绪上的负能量。

高压状态下所取得的结果，只会取得一些量的积累，对事情本质的正向作用几乎为零，或者还会产生副作用。试想一下，假如一个人能够在愉快轻松的状态下学习，他的头脑就会比较清晰，精神状态好，记东西就会记得快，学习效率就会很高。那如果说他在这种状态下能和自己的伙伴很好地合作，而且人人都保持这种好的状态，那么这个团队的合作力量就会非常巨大，也会取得丰硕的成果。

我们现在非常注重实效，减少内耗，当人人都以喜悦、快乐和利他的心情去学习、生活与合作，那么我们真的可以活得既轻松，又愉快并成功。如果有人说不参与恶性竞争就不知道怎么成功，那我只能说他有自讨苦吃的潜力。

给孩子身上涂满颜色，让孩子找不到自我

现实中，常常听说某个孩子因为从小被娇生惯养而性

格飞扬跋扈，不是游戏人生一事无成，就是乖戾异常惹是生非。所有人都知道这是因为父母骄纵，但是并不知道危害是怎样发生的。

对孩子的娇惯，就如同给孩子身上涂上了一种奇怪的颜色。骄纵、溺爱等这些色彩让孩子看不到自己本真的性格，所以也失去了对世界客观认识的能力。而一个健康成长的孩子就对自己和这个世界有一个客观清楚的认识，就像在高度纯净的空气里看到的世界，没有任何杂质和污染。可是在溺爱中长大的孩子，就像全身被涂满了五颜六色的颜料，已不是本真自己的内在呈现了，连自我都找不着，他怎么自信呢？

这个世界从来都不是一片清明澄澈的天地，我们每个人生活在地球上要面对各种污染。比如面对环境污染，面对人际关系中的负能量、负情绪和潜伏在社会中各种复杂的局面。即便如此，父母依然要帮助孩子建立自信，一定要以阳光乐观的态度，努力在废墟上建立一个纯净坚固的城堡。父母应该帮助孩子守护好自己的心，不断使孩子的自信发展壮大。这是一个持之以恒的过程，不能遇到一点小挫折就失去信心。不积跬步，无以至千里。当这个过程持续进行时，量变终会带来质变，孩子收获到的不止是一种自我价值体系的建立，更能收获一种不被外在评价和污染所干扰的良好且稳定的心态，这对于孩子未来是否有所成就非常重要。

不知不觉的“绑架”

其实在养育孩子这个领域，绑架的真正含义是过度养育。具体表现形式就是父母对孩子的需求同化，丝毫没有边界。

第一种情况：被孩子的情绪绑架。

父母一看到孩子有负面情绪，比如难过、失望、沮丧、生气，自己也立刻陷入这种感受当中，并且想尽一切办法想要帮助孩子摆脱这种坏情绪。其实，此时此刻，孩子并不立刻需要父母的援助，因为，当孩子面对事实时，有各种情绪也是正常的。他不仅在生活中会表现出好情绪，也会表现出坏情绪。他感受到坏情绪，自己会想办法去改善这种状况。这对于他而言，是作为一个正常的人所应该体验和经历的，父母应该保持安静平和的心态来对待孩子的各种情绪。

第二种情况：被孩子的困难绑架。

孩子的困难，其实对于大人来说可能都不算什么大事儿。家长看到孩子没有战胜困难，心里就难受，却从来不去让孩子自己做决定，让孩子在犯错中成长，在困难中磨炼，只想毫不犹豫地帮他解决，甚至一手包办。自己越俎代庖地帮助孩子，却让孩子渐渐失去了生存的能力。

第三种情况：被孩子的生活绑架。

作为父母，替孩子做好了一切规划，而不去考虑他自己真正的梦想，只想让孩子实现自己作为父母没有完成的理想。如果说在求学、择业的大事情上，家长武断地替孩子做出选择，没有考虑孩子的感受，孩子在未来的工作、学习和生活中，极有可能发生不愉快、不适应，甚至叛逆的状态。

这样的家长就好像培养大棚的蔬菜和花朵一样只想让孩子丝毫不经历风雨地长大，其实这对于孩子的成长是完全没有好处的。只会让孩子变得很无能、很盲目，对现实一无所知，往往会造成生活的悲剧，而且是一辈子都难以弥补的。家长应该放手让孩子自己选择自己的生活，这是孩子应有的权利。

六、家庭关系与人格类型

人在生命的初期，最重要的养育是情感抚养，这是人的起点。当情感抚养方式很健康，孩子的人格就会健全，心态就会美好，生存能力就会强大。如果情感抚养没到位，人性就会有缺陷，就会引发各种各样的问题。

自恋型人格

自恋型性格的人很容易出现在独生子女家庭，父母所有的爱和关注点都在一个孩子身上，所以孩子从小养成以自我为中心的自恋型人格也并不奇怪。

他们对自己的认知往往是过度夸大的。他们心中的自我价值远远超过实际情况，他们会过度地以自我为中心，觉得自己应该理所应当地过着心想事成的生活，得到世界上最好的东西，别人应该赞美自己。其实自己并不是那么优秀，因为注重虚假的优越感，内心很脆弱敏感，很容易受伤。只要不能如己所愿，就会非常生气，生活在局限中。

自恋型的人在结婚成家为人父母以后，把追求完美放在第一位，却总是对孩子造成情感忽视。把孩子看成自己生命的延伸，认为自己的孩子就应该是完美的，孩子的需求完全由自己的需求决定。

在这样的父母影响下长大的孩子，往往会性格抑郁，容易走极端，或者因为被忽视又变成了另外一种自恋型人格，也就是由极度需求补偿和渴望受关注的自恋型人格。

好人型人格

好人型的人，在现实中很可能是一个善良的人，会被大家认为是一个热情的人。但恰恰是这样一个好心人、热心人，最欠缺的却是与别人共情的能力。他并不了解亲人、朋友甚至同事，包括任何一个和自己交往的人的真实心理需求，也并不是一个善于沟通的人。他们自认为一厢情愿地对别人好，就是有爱、有责任心的表现，却并不关注别人的反应。这种类型的人，可能是因为天生对情感不敏感，天性比较愚钝或者从小生活在关系冷漠、不注重学习和提升智慧、过度重视物质的家庭环境中，就会在情感的感知中很迟钝、很麻木。

如果是一个智慧的人，是不会被大家贴上“好人”的标签的。这类型的人结婚成家成为父母之后一定要努力提升自己的思维模式，把关注点放在与别人互动之前先观察了解别人的意向与需求，这样才能做好有效沟通。而不是为了获得别人口中称赞的好人形象去做事情。

好人型父母对待孩子时，会把“都是为你好”这种想法无限放大。虽然父母拼命努力对孩子好，但实际上父母想的是一回事儿，孩子想的是另外一回事儿，然后，他们之间的关系就是南辕北辙。这样做的结果，让孩子失去了在现实中感受真相，并且真正立足于现实解决问题的学习机会。

父母应该时刻牢记，与孩子产生共情才是做好教育的第一步。只有和孩子的感情同步，才能真正了解孩子的需求、缺点与优点，才能对症下药，给予孩子准确的情感支撑。

“共情”能力在我们人生中很多地方都用得到。可以说一个成功的人，他的共情能力一定很强。所以无论是父母还是孩子，都应该养成良好的习惯，适当关注于别人的情绪与需求，才能让自己生活得越来越好，才能为亲人和周围的人创造更美好的生活。

反社会型人格

常人所理解的反社会型性格是他们做事总是有悖于常理和社会习俗，但其实他们最显著和本质的特征是没有感情，对人非常冷漠，并因此会衍生出很多让人匪夷所思的事情。

那么，这种人格是怎么形成的？根源就是在孩子一两岁之前并没有受到很好的照顾，比如说孩子饿了、渴了、难受了、哭闹的时候，大人没有及时抱他，给他喂奶，给他适当的安全感，使他的精神一直处于紧张的状态。这种痛苦对他一生情感成长的影响非常深刻，他成年以后很有可能会变得异常冷漠，对人没有感情。所以，作为父母，从小给孩子足够的感情抚慰非常重要，这是一个人能否一生健康平安以至于在事业上取得成就的重要因素。

反社会型人往往对于爱和感情的行为不理解，他们认为爱就是软弱的表现。因此当他们说出感情的语言时，并不是发自内心，而是出于操纵别人的需求。因为他们对爱无感，所以和反社会人在一起的人们会感觉非常的痛苦，因为得不到爱和感情的回应。他们虽然没有感情，但是很喜欢控制别人。

反社会型人性格看起来只是对人没有情感，但是会造成很严重的后果。2010 年前后，中国发生六起持刀砍杀幼儿园和小学儿童的事件，其中有五起是因为心理因素，包括反社会型人格造成的，只有一起是因为社会矛盾而引发的。情感的内在因素往往能够左右一个人的命运。

反社会型类型的父母比较少见，但是仍然存在。只有最亲近的人才能感受到他们的异常。反社会型的父母因为没有感情，所以不会产生内疚感，但是他们非常善于使用在常人看来非常残忍的方式来对待孩子，并且非常善于用操纵的手段来控制孩子。他们甚至会在孩子面前假装成受害者，让孩子认错、内疚。

抑郁型人格

抑郁的形成一方面来自家族的遗传，另一方面在于性格的养成。在性格养成方面，是因为小时候没有得到家人的温暖与肯定，并且伴有一定程度的情感忽视。或者家庭中有性格异常的人，比如说父母酗酒，性格古怪，无法沟通。耶鲁大学的一项研究结果表明：在父母精卵结合的瞬间，孩子的性格就确定了。但俗话说，好性格也可以通过后天的养育完成塑造，只不过这个养成的关键期一定发生在婴幼儿阶段。可以说，抑郁者不但性格没有养好，反而会把原本纯洁温和的天性变得古怪和伤痕累累。他们不合群，渴望交往，但总不能如愿。他们常常觉得没有勇气也不值得获得爱与关怀，尽管他们渴望亲密关系，却认为努力也不过是白费力气。他们做事情缺乏动力，对于过上更好生活的愿望并不强烈，对生活的态度基本上是得过且过。他们总是无缘由认为自己罪孽深重，觉得自己是世界上最坏的人，觉得自己不值得被爱。他们一边讨厌自己，一边对所有的事情缺乏兴趣，做事也缺乏动力。一个人孤单的时候，经常又会唉声叹气、痛哭流涕。

2018 年的某项研究显示，中国儿童和青少年出现抑郁症状的比例是 19.85%，而根据中科院心理研究所发布的报告，高中孩子的重度抑郁更是高达 10.9% ～ 12.5%。也正因为青少年抑郁问题越来越严重，教育部明确规定，要把抑郁症筛查纳入学生健康体检。

抑郁型父母就像一把湿柴，怎么也点不起温暖的火。他们对养育子女缺乏能量和热情，很少能够给孩子提供安慰与鼓励。甚至孩子一个小小的要求，都能把抑郁型的父母难倒。他们对孩子精神上的影响力非常微弱，所以干脆对孩子放任自流，让孩子独自面临人生失控的风险。他们的孩子要么自立自强并早熟，要么随波逐流，不思进取。

专制型人格

专制型的人看起来不易改变主意，希望别人顺从自己，其实缺乏安全感才是根本原因，这也是他们外强中干的原因。他们可能从小就没有建立起自信心，内心非常脆弱，总觉得自己不够好，所以需要一种强硬的假象来弥补自己内心的空洞和不自信。他们以一种强硬、固执的方式，让别人明白自己处于一个重要的地位，有时会为了强调自己的重要性，而让周围的人很反感。专制型的人因为要维护强大的形象，也不太喜欢麻烦别人，遇到困难时，从不向别人求助。他们一般不善于与人沟通，在情感方面却非常脆弱。别人轻微示好，就会反应强烈，他们往往会受到他人对其精神的损害，或者在情感中以纠缠、沉溺、依赖为主，恋爱婚姻发展也不会太顺利。

专制型的人往往没有一颗温柔的心，很难有同理心，从而与别人产生隔膜。大家所看到的专制型的人都是表面强硬、强词夺理的状态。虽然有一种心理预期和别人建立良好的关系，但是自己也搞不清楚为什么这种想法往往难以实现。而且自己常常会因为别人达不到自己的标准就会很失落，但是也不愿意进行积极有效的沟通。专制的人很容易忧伤，情绪低落。

专制型的人成为父母以后，因为他们本身自卑、不自信，就要在孩子面前树立一个超级权威的形象，给孩子造成极大的压力。而且他们的存在感要通过训斥孩子、命令孩子来实现。孩子对于专制型的父母而言，就是一颗救命稻草。如果不给孩子下命令、不紧盯着孩子、不控制孩子就完全找不到存在感。

在这种内心极度害怕失去存在感和权威感的前提下，他们不懂得怎样尊重孩子。即使别人提醒他要尊重孩子，他们也找不到发自内心尊重孩子的感觉，如果让他对孩子学会放手，他自己内心会很抓狂。

中国大部分专制型的父母都秉持中国传统的教养方式，认为父母绝对是对的，不能被质疑。他们对孩子很严厉，过分严格，甚至粗暴，信奉“棍棒底下出孝子”的观念，对孩子行为控制很严。在专制型父母的教育方式下，孩子会出现两种极端，要么变得顺从、自卑、懦弱、冷漠，要么逆反、攻击、冲动。

过度承担型人格

并不是每个孩子都生活在健康的家庭。有的家庭中有病人或者残疾人，孩子从小就要像大人一样照顾有严重疾病的家人。这样的孩子经常会受到大人的赞扬，却成熟得让人心疼。但是，这种孩子到了青春期就会崩溃，为了平衡内心缺失的快乐，出现一系列叛逆或者消极行为。

人的成长是有规律的。儿童时期，孩子就应该被父母安排在简单的生活与环境中，让心智与身体逐渐成熟。过早承担成人世界的生活负担与感情，是违背自然规律的。孩子的每一个成长时期都是有意义的，在每个阶段都会完善一种作为人的情感成长的重要内容。

孩子的每一种情感与感受都像一颗小苗，需要逐渐发芽和茁壮成长。只有自然生长起来的孩子，到了青春期才能安全平稳度过。如果孩子小的时候没有足够的撒娇、玩耍去释放天性，以天真活泼的姿态去享受儿童应有的快乐，到了青春期自我意识整合的时候，一定会出现紊乱和崩溃，这种缺失很难弥补。

工作狂型人格

工作狂型的人往往是行动力强、能力强和有梦想的人。成就一份事业往往没有那么容易，他们要付出比常人更多的精力和时间才能够成功。他们为了成功疯狂地鞭策自己而无视自身的极限。由于过度工作，产生了焦虑、抑郁、失眠等身心问题，甚至有些人为了工作，可以牺牲婚姻家庭和个人健康，他们的潜意识往往有自我毁灭的冲动。

工作狂成为父母后，他们的孩子小时候往往没有得到很好的陪伴和照顾，虽然物质生活很丰裕，但是心理状态多少有一些问题。大部分工作狂父母不会积极参与到孩子的生活中，无意中传达了一个信息，孩子在学习与生活上似乎无足轻重。因为缺乏被关注，他们的孩子逐渐成长为敏感和自尊低下的人，却不明白怎么一步步变成这样。但是这些孩子很少想到去怪罪父母，父母的成就让孩子仰视，一方面享受着养尊处优的生活，另一方面却在责怪着自己内心莫名的纠结，因为找不到失落的源头。亲人之间缺乏沟通，关系冷淡，就是拿着昂贵的手机通话、住着豪华的别墅，心也是冷的，丝毫享受不到生活的乐趣。

其实有一些成功人士在做好自己事业的同时，也很好地兼顾了家庭和孩子，并没有成为缺席的父母。美国前总统奥巴马在竞选总统的日子里，虽然每天有大量的工作，但是他从未缺席过女儿的家长会。他曾表示："我不会当一辈子的总统，但我却是一辈子的父亲！"在他和夫人的精心照料下，他的两个女儿情绪管理能力非常好，分别考上了名校哈佛大学和密歇根大学。

完美型人格

完美型性格的人苛求完美的标准和结果，这只是一个表面的现象。完美型性格的人其内核特征是不接纳自己，尤其是不接纳自己的不完美，同时脱离现实。别人认为他长得挺好看，他一定会认为其实自己长得很丑。别人认为一件事情已经做到了百分之八九十的满意度，但是拥有完美型人格的人可能对此事的评价只有 30% ～ 40% 的满意度。他们往往不会在与人交流的过程中，因地制宜地思考问题的解决方案，他们内心完美的答案就是他们脱离现实情境，用理论推导出一个完美的规划与结局。他们通常会忘记真实的感情，不会把与他人互动所产生的感受贯穿在事物发展变化的过程中，经常会片面地追求一个自己幻想出来的机械式的完美结果，他们很善于建造空中楼阁。

其实完美型的父母最重要的特征不是苛求，排在第一位的特征是不知足。他们非常善于在孩子最需要鼓励的时候，给他加上一个沉重的苛求。如果孩子考 90 分，他们会说要是考 98 分就好了；如果孩子考了 98 分，他们会很纠结于那失去的 2 分。孩子无论怎样努力，即使不断在进步，他们也总是在抱怨和不满足。父母把注意力全部放在孩子怎样才能更加完美的点上，从本源上就忽略了孩子的情感需求。孩子长期达不到要求的无力感，让孩子越来越无助，甚至产生自我怀疑，形成在现实中渐行渐远的亲子关系。

或许完美型的父母在这样做的时候，认为这是理所应当的，苛求细节完美，苛求结果满意，苛求方式正确。只要他能想到的方方面面，都会向孩子提出要求。在苛求之后，随之而来的就是打击孩子。苛求、不知足和打击相互发酵，给孩子造成巨大的压力。

生命的意义不在于它有多完美，多奢华，而在于珍惜。完美并不是追求皆大欢喜的结局，而是我们每前进一步，都遵循了真、善、美的原则。这种原则可以摒弃一些狂躁的欲望和没有结局的无聊行为。生命如此宝贵，不但自己不能浪费，别人更没有资格浪费。在真、善、美的原则引领下，宇宙会间错时空、扭转局面，让结局不胜惊喜、不胜感恩。这个世界肯定是不完美的，我们不应该对自己和别人的错误太在意。别人做得不好，是他的事情，我们能做的是通过自己的言行影响别人，却无法改变别人。所以最重要的是，我们应该先做好我们自己，敢于接受自己的不完美，依然很自信地拥抱生活，用爱心与责任为自己和他人担当起一片天空，这才是完美。

放纵型人格

拥有放纵型人格的人，也许小时候身边有专制型的家长，让自己饱受严格管制和重压之苦。所以，长大以后以放纵的形式来释放自己在儿童时期积攒的心理压力。在别人看来他们做事情没有目的和计划，非常涣散，也没有什么野心，让别人感觉不可思议。但是这是他们的心理需求，只有这样生活才能让他们过好衣食住行的简单生活，否则难以面对人生。

放纵型父母和专制型父母正相反，无论孩子做什么事情，他们都没有正常的情感与行为反馈，这反而让孩子丝毫没有安全感，仿佛在空中走钢丝，很容易变得情感空虚。孩子不知不觉在行为上自我约束能力差，对情感的识别与表达能力也比一般孩子要弱一些。在他们最需要肯定或者需要行为鉴别指导的时候没有得到父母的关怀和帮助，就会对很多事情的标准认识不清，对自我产生不切实际的认知。既不了解自己的长处，也不了解自己的弱项，有一种时有时无的恍惚感和缺失感，长期积累下来，会让孩子产生很多委屈。

成瘾型人格

表面上看，成瘾型的人是对一些事情极为执着，但其实往往和主观意志没有关系，基本上是神经系统的条件反射高度兴奋的结果。他们极易受到外界的影响，做事的冲动性非常强。即使他们想要静下心来有一个思考的时间段，可能都难以做到。

成瘾型的人在现实中往往行动力比较差，但是沉溺于自己喜欢的事物中就会获得极大的满足感，对游戏、娱乐节目、烟酒等事物上瘾。这种满足感使他们忘却了现实中的一切烦恼。成瘾型的人几乎没有事业做得很成功的，对生活的长远规划总是落实不了。

成瘾型的父母给孩子的印象是反复无常，他们醉酒或者打游戏上瘾时完全就是一个怪物，等他们恢复正常时，可能会想着给孩子一些补偿。但是这种反复无常会让孩子产生不安全感，很有可能成长为专制型人格。

七、快乐启发生命力

人类快乐的天性和宇宙的规律最为接近，也最容易产生共振，但是人们不一定每时每刻都捕捉得到这种频率。快乐是一种天赋和品质，快乐本身就是一种正能量。快乐是最划算的事情，快乐的是自己，照亮的是别人！

生活就像浩瀚的大海，把人们所有的迟疑、恐惧、退缩埋藏在其中，在灵光乍现、完成既定任务、爱情友情等各种好运到来的时候，快乐就像闪亮的珍珠一样一跃而出，让人们对生活有一些甜美的感受。大部分时候，人们是意识不到快乐对生活所起的作用的。人们上班的时候总是想着怎样处理事情，开车的时候集中注意力保证安全，做事的时候想着不要出岔子。快乐在这满是浮尘的生活中吝啬或者慷慨的和我们玩着幻影游戏。

快乐十分诡异，有时她接近和走入我们的身体时毫无征兆，当我们意识到的时候，她又调皮地若隐若现，牵动我们的心。我们既体验和享受着快乐的感觉，又没有觉知地屏蔽着她的到访。当有一丝唯利是图或者控制的念头出现，我们就“啪”的一下从快乐的云端掉入乌烟弥漫的世界，有时连无所适从都感觉不到，我们就被呼啸的现实列车带入到物质的执着中去了，好像绞肉机又生产了一堆肉馅。

快乐到底是什么？这种奇怪的振频为什么不能永恒？歌德说：“美啊，请停留一下。”他借浮士德把灵魂押给梅菲斯特，也不能奢望美为他永恒停留，那么快乐是不是也和美一样，难以在我们的生活中驻足呢？

让我们找找快乐的踪迹。一个人因为内心有阴暗面，所以他不能完全敞开自己，不能完全敞开自己，就不能快乐。一个不懂得快乐的人，就不知道维护自我完整的重要性，不懂得维护自我的完整，就不会意识到自尊的可贵。一个没有自尊的人，就不会有上进心，没有上进心，就不会对成就有发自内心的渴望和对美好事物主动追求的动力。

一个人感到轻松快乐，那么他取得的成就一定比在痛苦中取得的成就更多更好。著名物理学家杨振宁曾提到让他不高兴的一件事儿。记者去采访他后，发表一篇文章，赞美杨振宁如何严谨治学、刻苦钻研、冥思苦想，终于获得重大成果。但是杨振宁说，我看了很不是滋味，因为我研究理论物理学从未觉得苦。

一个小女孩非常喜欢跳舞，但是她的大学教授父亲却很不支持，认为她“白日做梦”。当女孩的老师知道了她的梦想之后，就邀请她担任学校宣传片的女主角，小女孩表现非常出色。让这位父亲感动和意外的是，孩子回家后奋发自学英语，热情前所未见。她说：“我要取得好成绩，我要配得上这所学校。”跳舞能够让小女孩快乐、有成就感。她感受到了老师对她的支持，她就想用优秀的学习成绩来证明自己，回报老师对她的肯定。如果老师和父亲一样，对孩子的爱好不予支持，只督促她学习，且不说孩子有没有学习的积极性，但是肯定少了一位多才多艺、快乐优秀的女孩。

父母的责任是让孩子快乐学习，快乐玩耍、快乐生活。如果孩子整天哭哭啼啼，处于烦恼中，这个责任一定是家长要负起来的。

八、解码缔造优秀品质的因素

不为浮云为自己

——写给自己不敢创造未来的学生

学生，最重要的任务是学习。对于大多数人而言，没有其他路途让自己到达既定的人生目标。

在这里，我想告诉你，不论你出生于富贵还是贫穷，都要从内心确立一个信念，就是凡事靠自己。无论你将来做什么工作，所有你得到的成绩、荣誉和财富只能是来自你自己内心的力量和智慧，而不是其他。将来你会认识到只有你自己的综合素质，才是决定你生活状态的关键力量，任何外在的所谓走后门、拉关系，都是浮云。你为浮云买单而暂时安逸，下一次将有更大的浮云和挫折等你去面对，到了那个时候，你终会感受到痛苦的滋味。

学习不是死记知识，是一个动态的过程，各科知识就像各种建筑材料，你要灵活运用，让学习的过程和自己的心灵契合，让学习的过程能够为自己的智力、能力、认知等起到辅助和强化的作用，并主动把知识运用于现实生活当中。学习文科，不光是学习文字和死记硬背，更重要的是领会文字传递出来的一种精神力量和好的行为方式。学习理科，重要的是让自己拥有更加灵活、开阔的思维方式。一切都是为你的灵性和人性更加美好服务的。

考试成绩不能说明一人全部的素质。学生的学习成绩由几个因素构成，一是个人的主观努力，二是学校的教育，三是家庭人文环境的影响，四是综合因素影响的结果。请相信学习成绩一定来自你对学习主动的探索与热情。你完全可以没有负担，只看到生活的正能量，只看到蓝蓝的、纯净的天空，只为心中的真挚与热血而活。让你的生命好好的舒展吧，我相信你无论何时何地，都能做到最真实、最美好的自己。

人生没有侥幸，只能踏实地面对真实的自己，才能走出真正美好的人生道路。在你的内心，你完全可以找到一个智慧、财富的王国，只要你向内看，去发现自己。总之，无论怎样，能成就自己的永远只能是你自己。我相信你会做得很好，我相信你会以优秀的品格和成绩来成就你自己。

成年人的孩子气

——凡事都要有一个度

现实中，有一部分成年人具有孩子气，他们大多数是“80 后”和“90 后”。这些人大部分是独生子女，在家庭中备受宠爱，所以有一部分人在个性中保持了呆萌可爱的孩子气，并且把这个特性从儿童时期持续到了少年，以至于成年。现在 30 多岁的人依然有孩子气的人并不少见。

一个人总是保持孩子气的原因，是因为不敢以独立坚强的姿态面对这个世界，总想找个生命的扶手让自己过渡一下，有时间踌躇和犹豫一下。只要还以稳定的孩子气为荣，在现实中就会幼稚、不敢担当。很多人因为成长环境的影响，都有一些孩子气，但是是时候让自己真正蜕变成成熟的人了。生活中，在家人和朋友面前偶尔表现出孩子气是一种很亲切很可爱的行为，但是让这种特质作为一个成人的主导行为标签，就会远离生活，久而久之，就形成了一种退缩、无担当、懦弱的行为特质。而这种特质不仅会给自己的生活和工作带来不良影响，而且还会影响自己的孩子，让孩子很没有安全感。

成熟的人，是以男人和女人的姿态迎接生活暴风的洗礼，在这个过程中彰显出各自性别的本真魅力，是勇敢、无所畏惧、潇洒灵活、充满风情、聪明睿智，而非笨拙可爱、圆乎乎的幼稚和孩子气。虽然随着时间的流逝长出符合自己经历的小皱纹，但最有魅力的人总是会以智慧的人格特质取胜。人如果一直不肯放弃孩子气，就不足以承担更好的生命状态，无法真正完成作为人的真正内涵和使命。

和一名好友聊天的时候，她告诉我，因为自身工作的关系，在朋友圈发个动态都得思前想后。偶尔因为工作不顺，心情烦躁，无法对着同事抱怨，想在朋友圈像孩子一般任性地发泄一下情绪，对内容反复编辑修改，最后却在内心放肆的声音面前选择了后退，独自承受着情绪的崩溃。于她而言，似乎再没有了孩子气和任性的资格，只能羡慕那些还有资格孩子气的人。

是啊，成年人的世界本就不易，有规则、有条条框框、瞻前顾后又小心翼翼，从走出校门的那一刻开始，脑海里就时刻提示着自己已经不是一个孩子了。所以在工作之余，约三两好友，穿上卡通的休闲装、捧着大大的棉花糖、说天真又可爱的悄悄话，适时地回归孩子气可以缓解生活与工作中的紧张焦虑。

你终将会成为你自己认为的那个人

（1）做一名观察者。

与其做一个以自我为中心，让所有人重视和谦让的人，还不如做一个对现实世界的观察者，我们会看到很多有趣的现象，会得到丰富的感受。

有好几位曾经做过宇航员的人说，飞行到太空中，在茫茫宇宙中，远远地看到我们的地球家园只是一颗很小的星星。经历了这个场景之后，他们回到地球，人生观都发生了巨大的变化。他们不再纠结于一些小事，变得更加豁达、开朗、阳光。在宇宙中，地球都是一颗尘沙，地球上的我们更是尘沙中的微尘。

在国外的学习生活中，我的脚步是放慢的，也有更多的时间观察着生活的点点滴滴。有感而发地想说一句：人性不分国界、不分种族、不分文化，善良是人的本性，善意却是人的选择。无疑我是幸运的，收获到陌生人的相助，得到了异国他乡的温暖。安娜老师在面对学生时的喜悦笑脸和她独特的面部表情让人感受美好；鸡翅店的老板在制作每道工序时都快乐地哼着音乐，时不时还跟我们互动一下；咖喱饭店的阿婆每次给大家饭菜时都会说吃得开心点哦，还经常送给我一点鸡块；公寓的房主海伦阿姨时不时送点水果放在冰箱里供我们享用；公园里的老人们每天下午都在愉快地自由舞动……在对一切事物的观察中，我收获到了很多的快乐！

观察者真的会快乐，因为不会纠结于别人是否会看重自己。观察者会轻松，不会让任何人、任何事成为自己的负担。云淡风轻，总是从容。爱这个世界，就是与光同尘，在渺小中发现生命的光芒，在博爱中发现生命不可估量的价值。

（2）面对质疑的态度。

有一天，科学家笛卡尔突然想到一个问题，他怎么才能证明自己的观点是正确的呢？他思来想去觉得他不能证明，于是经过冥思苦想，他得出一个著名的结论——“我思故我在”，并没有说“我思故我对”。

他把这个思想公之于众。另一方面，他作为一位著名的科学家，众人在他的科学精神面前都显得很渺小。他无惧于质疑他自己，更不会因为别人质疑而感到不适。

如果笛卡尔认为，他质疑自己是一件侮辱或者对自己不利的事情，他是不会这样做的。但是本着科学的态度，他可以怀疑一切，包括他自己。可以说，越是学问渊博、品质卓越的人就越不怕别人的质疑，也不会对别人发起莫名其妙的攻击，他只想做好自己的事情。

他和那些非常敏感于别人说坏话、总是怀疑别人进行人身攻击的人是多么不同啊！试想一下，我们人类所在的地球，只是太阳系的一颗普通的行星，而太阳系只是银河系很渺小的一部分。地球在整个宇宙可以说微不足道，人更加渺小得如一粒微尘。整个宇宙可能发生让我们难以想象的任何事情，一个连别人质疑都不允许的人，在真正的大自然面前又算得了什么呢？看看宇宙，让心灵自由起来吧，让成就点亮内心的充盈！

（3）我们每时每刻拥有选择的自由。

假如一个人活得没有一点诗意，没有一点梦想，仅仅围绕生存做艰苦的努力是非常可悲和可怜的。这种人和只会耕地的老牛是没有任何区别的。生而为人，无须让自己如此可悲和可怜。如果没有身心残障等客观因素存在，一个虚弱不堪，只会自怜的人，一定具备自私自利、物质为上的心态和素质。

只为生存做努力的人，他的天空是低矮的，他的呼吸是干燥艰难的，他的味蕾是苦涩的。他只看到痛苦，他的身体如此沉重，他经常有无力感和深刻的烦恼，他不知道彩色的翅膀和梦想是什么模样。不要找理由说因为你身陷泥淖，无力也无心欣赏世界的美好，仅仅为生存努力真的是更好的选择么？英雄往往不怕牺牲才能战斗到最后，并成为王者。上帝给你困局是为了让你发现和发展你敏锐、聪颖的觉知能力和开拓世界的机会。

王小波把那些不想面对现实，只选择自己喜欢和内心愿意肯定的现实的态度的行为方式叫“浮嚣”。其实持这种人生态度的人应该不在少数。

扎根现实的人才会发现，属于自己的世界是多么的宽广，自己活得多么游刃有余。这种巨大的生活空间不是现实中的制度、金钱、权势所能赋予，但是比它们的正向作用要大得多。只有扎根现实，才能立于不败之地。这就好比用长久的岁月去打磨一把刀，当你长年累月地坚持以尊重现实的态度去做事的时候，你就会发现，不知不觉中，你的刀变得锋利无比，无人能敌。

“浮器”有时并不容易被发现，包括正在经历事情的当事人自己。现实的困难和享受造成羁绊，最容易带偏一颗追求清明的心。

逃避永远不能结出生命的果子，把心沉入海底，只要你种的是春天的种子，即使历尽艰辛，它也绝对不会长成冬天。反转和沉沦，都是你的自由。最艰难的选择时，也许真理的光芒最美丽！

（4）养心。

在这个浮躁的时代，很多人错误地认为，应该启动和锻炼自己的大脑，让它灵活、反应快速，就能够在这个充满竞争的社会立于不败之地。

但是很多人现在还不知道，其实真正让一个人生活得美好的器官是心，心也会思考，但是不会从利益和负面因素进行思考。人们并不知道大脑和心的区别。心就像一个人深层的能量枢纽，大脑只是这个心的能量的一部分，身体仅仅是灵魂的载体和工具而已。人类用心和脑分别去体会和感受一个人，接下来的言行是很不一样的。用大脑体会的结果可能局限于机械的思考，而用心感受的言行却是爱，并且会在心的感召下做出非常符合实际的行动，并得到最佳利益与美好的心理感受。

人的心会从爱的角度进行思考和行动，会指导我们做真我，用心来感受世界，会逐渐让我们摆脱浮躁、虚荣和肤浅。大脑是爬虫脑的器官，主要功能是计算和进行逻辑推理，比心的功能低了好几个层次。因为错觉和人为制造的虚假情景通过相似的感受都会给大脑造成条件反射，所以就有人利用大脑的这一功能来行骗，并且屡试不爽，因为人的大脑只是一个条件反射的工具。而灵魂才是人的内在力量，灵魂所在的地方就是心，人类应该重视和抓住心的感觉。大脑训练得再发达，也只是会处理一些事情，都是一些非常表面的、量的积累和逻辑推理。所以我们人类在生活中不能舍本逐末，要爱心、养心，才能让自己活得真实，活得不纠结，人类的文明和生命才能健康地繁衍下去。

养心的一个好办法就是读书。我觉得细读一本书，要胜于囫囵吞枣地读很多本书。当我把一本书细细地读完之后，我感觉我的灵魂得到了升华，这种收获是比我用很多时间去泛泛而读，要好不止 100 倍。这种改变是潜意识让生活方式得到了根本改变，我认为这才是真正的好的收获——滋养心灵也就是让灵魂成长。

热爱生活，滋养内心，是我们一生都要好好做的功课。

书籍总向生活渗透着什么

在现实中有这么一种现象，有的父母非常爱读书，他们的后代有一部分复制了父母的生活模式，也非常喜欢读书，并且一生以读书为自己最大的爱好和己任，也会从事和读书有关的职业，比如说教师、作家、心理学家等。

但是也有一部分爱读书的父母，或者说是学者型父母，他们的后代不喜欢读书，但是这些孩子天分极高，因为他们在父母日常生活的言行中已经吸取到了从读书凝聚和升华而来的智慧的精华。在极具智慧的言传身教中，他们即使不读书，但是加上自己天生的灵性，他们一样也会获得极高超的智慧。他们中的一部分人如果长相俊秀，就很有可能想从事艺术行业或者在娱乐圈发展。这种人在鱼龙混杂的娱乐圈却能生活得很好，这并不是得益于他长得好，或者说父母多么有权势让他仰仗，

90%的原因还是他继承了父母甚至几代人因为读书而得来的智慧，这种底蕴就像一座大厦有深厚的地基支撑着他，能够让他在充满诱惑与刺激的世界中不至于丢失自我，总是能稳步向前。一些因人设崩塌的明星（在这里就不一一举例），往往在如日中天、日进斗金的鼎盛时期，却由于品德的缺陷做出违法或者影响恶劣的事情，而让他们所拥有的财富与辉煌瞬间化为乌有。他们失去了地位、名誉和继续发展事业与赚钱的机会。可以说，这不是一种偶然的现象，因为他们无德，承载不起巨额的物质财富。很多明星恰恰是知识分子的后代，而他们犯错的概率较低，或者几乎不犯错，就是得益于自己长辈的品德与知识的积累。

人们读书学习，以道德约束自己，最终目的都是为了保证自己精神领域的成长。父母应该培养和呵护孩子精神世界的干净，孩子的精神世界应该是纯洁和清澈的。读书读成书呆子的人，可能是自己读书的方法不对。不要把书当成教条，而是当成朋友比较好，遵从内心、热爱朋友，就能真正从书籍中学到智慧。读书的时候我们还要注意到，每本书都是作者根据他自己的世界观和他所观察到的现象而写的文字。其实每一本书并不能涵盖全部的真理，并且每一本书可能都存在一定的局限性。虽然说作者所写的文字并不能完全代表这个世界的真相和真理，但是作者的观点、境界会给我们提供一个非常好的参考。多读书只会进步，当我们读的书多了，就好像我们师从好几位大师一样。虽然他们不能亲自与我们对话，但是在字里行间，总是能感受爱与智慧的启迪。

读书仿佛是一种雾化的黏合剂，把零散的情感都显化出来，消除了我们和这个世界的差异。读书就像给灵魂洗澡，持续读书就是在不停地清洗我们在现实中所受到的污染和尘土，让灵魂保持洁净，让心灵保持纯洁。对于任何人来说，保持内心纯洁，可以说是幸运的法则。读书是我们付出成本最低，但是收获最快最明显的方法。

语言的力量

语言是一种载体，带来能量的流动。语言可以创造感觉、创造情绪，可以创造高次元空间，甚至可以说创造命运。语言是时间的咒语、情绪的调和剂、心灵的外在体现。

你能说语言没有魔法吗？人和人之间，就是通过语言来形成能量对冲与高低的落差，从而推动一些事情的发展，阻碍一些事情的发展。

言为心声，人的语言可以如实反映他的内心世界。有的人语言层次很高，听他们说话时往往让我们感到醍醐灌顶。有的人语言层次很低，他总是处在低位，所以他只能做一些基础性的事情，并且做不了高位。

我们认识一个人、了解一个人，大约 50% 的因素来自语言。如果说陌生人之间的第一印象来自眼缘，对于相互不了解的泛泛之交来说，语言带来的印象所占的比例更高。在亲朋好友中间，虽然很大比例上，我们对对方的印象来自行动，但是，语言仍然是维系关系最重要的纽带。

在父母和孩子之间，父母给予孩子教育，主要是通过自己的言传身教，给孩子施予影响。不同的家庭环境给孩子所说的语言质量是最本质的区别，在这个前提下，语言数量的差别极大，直接会影响到孩子的情商、品德、智商、词汇量，孩子的语言处理速度、孩子的学习能力，以及孩子成功的能力和潜力。据有关调研统计（出自《父母的语言》，作者是美国芝加哥大学的医学教授达娜·萨斯金德女士），“在一年之内，脑力劳动者家庭听到的肯定词汇是

166000 个，禁忌的词汇是 26000 个；工人家庭听到的肯定词汇是 62000 个，禁忌词汇 36000 个；接受福利救济的家庭听到的肯定词汇只有 26000 个，禁忌词汇是 57000 个。”差别就是这么大。

研究表明，在幼儿时期，持续伤害性的语言环境，比如父母经常板着脸训斥、否定孩子，说一些丧气和负能量的话，就会让孩子分泌压力荷尔蒙，也就是皮质醇。如果这种状态持续发生，皮质醇就会慢慢渗透到孩子的大脑，让大脑构造发生永久性的改变，使孩子在学习和生活中总是出现行为偏差，成为老师和家长眼中的问题儿童，而且这种消极的影响很难得到纠正。但是很多家长总是一意孤行地把错误全部怪罪到孩子身上，认为是孩子自身出了问题，是孩子调皮捣蛋、不听话、行为出格，却不曾意识到这些现象的发生，自己要负很大的责任。父母对孩子发泄怨气、以一己之私为难孩子，这都是在污染孩子的精神世界。如果大人对孩子说含糊不清、没有感情色彩和过于平淡的语言，甚至对孩子撒谎，都会危害孩子的感情和语言感的发展，难以养成良好的品性。

“喜欢”既是道路，也是目标

也许我们每个人都有感到热情不足、对生活感觉很乏味的时候。我曾经是个学生的时候，也觉得每天的生活就是上学放学、做作业，看不到生活的乐趣和想不透未来是什么样子。

但是随着时间一天天过去，一切都尘埃落定。随着时间的流逝，不努力的人，也就收获了不努力的结果。如果人生失去了奋斗的目标，就没有了乐趣。那时，想想未来漫长的几十年，真的觉得十分的可怕，还能对生活有什么新鲜美好的体验呢？也许正是因为当时我对未来有所思考，才选择刚入大学就考入电视台兼职主持“快乐点吧”和“音乐天地”两档节目，在工作的体验中学习和成长。大学最后一年又选择了早早创业，内心的原动力大约是希望自己一直行走在成长与奋斗的路上吧！

不论一个学生有多好的家世背景，学习还是得他自己来完成，从这一点来说人人都是公平的。所以说，能够让你生活成什么样子的，决定权在你自己手上。一个人的未来有无数种可能，总有一样是自己喜欢和想要的，但是这个未来，是要你付出努力来换取的，会有很多人生的快乐等待你。你可以坐着飞机全世界去旅行，感受不同国家的历史和文化；你可以到南极探险，体验南极的美，南极的冰天雪地；你也可以把赚取到的财富用来帮助穷苦的人们，丰盈自己内心深处的灵魂。可以说，不是人生太乏味，只是你还不够努力。

加油吧！向上吧！在这个世界上，总有你喜欢去的地方，总有你喜欢的美食，总有你喜欢的人，总有你喜欢的事，总有你喜欢的风景，为了这一切常伴你左右，去努力学习，努力奋斗吧！

意难平

——写给那些为了学习而透支童年的孩子

童年被透支的孩子，很难形成健全人格。他们的心理上形成了压抑的伤疤。在他们成年以后，甚至延续一生的时间，都想要平复这种创伤，找到平衡去释放自己。在这个释放的过程中，有些人做事不合常理，不容易融于社会，甚至有一些极端的例子显示，有些人是会走上犯罪的道路。

这种孩子被父母和老师尽最大努力开发学习的潜力，给孩子安排了很多的学习任务，没有休息的时间，使孩子的情绪和性格受到压抑，无暇去关注自己心灵的健康成长，内心积累了越来越多的负面情绪，逐渐变得性格古怪、行为偏执、不好沟通。

那么在未来的日子里，必然要付出代价，要花几年、十几年甚至一辈子的时间去治愈创伤。亲爱的孩子，如果你不想让自己过那种早年欠债、后半生偿还的日子。那你就不要只管读书，不关注自己的心理健康。你要记得劳逸结合，照顾好自己的身体。无论怎样，只要内心感到有压力、不舒服，就一定要向自己的父母、好友或者老师倾诉，他们一定会乐于帮助你，共同面对问题的。

“学而不思则罔，思而不学则殆”正解

——写给那些只顾学习忘记思考的孩子

学生们觉得自己有整天上不完的课、做不完的作业、听不完的教诲，没有思考的时间，90% 以上的时间都用于学习，就这样时间还是不够用，哪有时间思考呢？还好，现在“双减”政策开始落实，给孩子有更多的时间去思考生命本真的意义。

孔子所说的“学而不思则罔，思而不学则殆”，可

能很多人都是耳熟能详的。学习不思考就会迷茫，思考而不学习就会停滞，沙上建塔一无所得。我认为这个“思考”应该是把所学的知识应用到实际中的一种思考模式，学习可以拓展我们的知识面、开阔眼界。思考可以提高我们的智力，提升我们的境界。学习和思考要相辅相成。以学习促进思维的火花，推动所学知识在现实中的应用，不断思考事物的内在规律，把所学知识融会贯通。“思考”和“学习”这两块砖是我们前进的铺路石，学习和思考结合得越好，铺起的道路就会越宽阔。送给大家一句话：“学到的可能还是别人的，但悟到的却是自己的。”

我认为，在苦斗中学出来的悲壮成绩，这种饱含压抑和悲伤的情绪，往往会给未来的生活蒙上阴影，远远没有在愉快与反思中得到成绩的含金量高。期待我们的学生会逐步适应这种压力小，在轻松愉快的氛围中汲取知识营养和提高人文素养的新的学习和生活模式，这样生活会越来越好，幸福指数会越来越高。

未来

我只是说

蓝天澄澈

白云远去

那种欢笑没有边际

一切都在等待盛开

一切都是未知的精彩

孩子的欢笑

恰恰给我们最多的动力

无邪就是全部

纯真就是燃烧得彻底

青青的橘子

清新的使命

纯洁的空白

是未来岁月的张力

第六章　世界教育的发展趋势

一、世界教育的发展趋势

教育和经济的关系非常密切，经济的好坏往往受到教育模式的影响。很多国家已经认识到了这一点，他们直接把经济和教育联系起来思考并运用于制定国策的重要措施当中。不少国家采取措施，减少不公平教育造成育儿差距的相关政策，减少拉开贫富等级的教育机制，减弱竞争力对学生的影响，尽量为学生提供公平教育的机会和多种教育方式，更加重视因材施教和加强职业教育。而科学的教养方式会成为全世界教育未来的发展趋势。

具体做法有：第一，调整制度和政策，以应对经济变化带来的挑战。第二，教育系统强调公平机会和淡化成年前的竞争。第三，为父母提供早期育儿干预、高质量日托和幼儿园等。我们从中可以看到，很多国家非常重视学前教育，因为这对于一个人的一生有着重大的意义。

21 世纪的课程究竟要教些什么呢？美国学者考夫曼在《教育的未来》一书中，提出了下列六项内容：

（1）接近并使用信息：包括图书馆和参考书，电脑数据库，商业和政府机构的有关资料等。

（2）培养清晰的思维：包括分辨语意学、逻辑、数学、电脑编程、预测方法、创造性思维等。

（3）有效的沟通：公开演说、身体语言、文法、语词、绘画、摄影、制片、图形绘制等。

（4）了解人的生活环境：物理，化学，天文学，地质和地理学，生物和生态学，人种和遗传学、进化论，人口学等。

（5）了解人与社会：人类进化论、生理学、语言学、文化人类学、社会心理学、种族学、法律、变迁的职业形态、人类存续问题等。

（6）个人能力：生理魅力与平衡，求生训练与自卫，安全，营养，卫生和性教育，消费与个人财务，最佳学习方式和策略，记忆术，自我动机和自我认识。

2021 年 11 月 10 日，联合国教科文组织于该组织第 41 届大会上面向全球发布《共同重新构想我们的未来：一种新的教育社会契约》（*Reimagining our futures together*：*A new social contract for education*）报告，其探讨和展望面向未来乃至 2050 年的教育指出：教育是我们组织贯穿一生的教学和学习方式，长期以来，在人类社会变革中发挥着更本质的作用；教育将人与世界、人与人之间紧密相连，为我们打开新的可能性。教育具有的人文主义使命的最佳方面："促进正义"将会被扩展到整个人类社会的方方面面。

《契约》关于革新教育的建议：

教学法应围绕合作、协作和团结等原则加以组织。

课程应注重生态、跨文化和跨学科学习，以助学生获取和创造知识，同时培养其批判和应用知识的能力。

作为一项协作性的事业，教学应进一步专业化。教学工作中，教师作为知识生产者以及教育和社会变革关键人物的工作应得到认可。

学校承载着支持、包容、公平，以及个人和集体健康的职责，应成为受保护的教育场所，同时还应重新规划学校，以便更好地推动世界向更加公正、公平和可持续的未来转变。

我们应终身享有并扩大在不同文化和社会空间中接受教育的机会。

二、采取教育新措施的国家

芬兰

一个国家教育质量如何，参考的数据就是经济发展合作组织（OECD）每三年做的 PISA 测试。这项测试针对的是全球 15 岁的孩子，给他们设置真实的场景和一系列的挑战任务，在这个过程中考查学生是怎么思考和解决问题的。芬兰的孩子，在 PISA 测试里，从 2003 年到 2012 年这将近 10 年时间里，一直排名第一。到 2012 年，中国孩子（上海孩子作为中国代表团）登顶。但是芬兰学生平均每周花 3 个小时写作业，而上海学生平均每周花 14 个小时写作业。换句话说，芬兰学生不需要拼命就拿到了全球顶尖的成绩，可以说芬兰教育是一个“高质量、轻负担”

的典型样本。

芬兰教育在国际上已经被公认为基础教育最好的国家，他们快速发展的基础教育被誉为“芬兰现象”，从学习体系的有效性来说，芬兰一直以来高居全球前列。芬兰针对基础教育核心课程进行了改革，倡导基于现象的教学法。芬兰在《国家课程框架》中提出，“从 2016 年 8 月起，面向 7 ～ 16 岁学生的所有学校必须在课程大纲中留出一段时间（每年至少一次，持续数周）用于跨学科的现象教学，具体时间长短和次数由学校自行决定”，其核心是在活动中打破学科界限，跨学科学习。除了上单独的数学课、物理课、化学课、地理课等，他们的课程是类似“多角度理解第二次世界大战”，或者“如何在咖啡馆进行日常工作”这样贴近现实，更有助于理解这个世界运作规律的主题式教学。在现象教学课上，把基础的学科：数学、物理、化学、地理等运用于现象教学当中，加强学生对正规学科的现实运用能力，在快乐中获取知识，培养能力。

传统的导师与学生的沟通形式也发生改变，学生不再是坐在学校的书桌之后，焦虑地等待被点名来回答问题。取而代之的是，他们将在小团体中共同努力并讨论问题。

这样的教学方式，对教师也提出了更高的要求，教师必须更多以咨询顾问的身份参与教学，而不是以前的掌控者。

在实施“现象教学法”3 年后，芬兰教育部对 6 万名学生进行了回访，是否对于这种新的教学方法感到满意。大部分学生态度积极，甚至希望更多的互动教学，彻底告别传统的知识灌输，而变成主动学习的能力提升。目前赫尔辛基已经有三分之二的教师使用“现象教学法”。

芬兰教育的成功还有一个重要原因就是芬兰拥有高质量的教师。芬兰的教师在教育过程中具有高度竞争性和挑战性。从 20 世纪七八十年代开始，芬兰要求教师具备硕士学位，他们可以自主地计划、教学、对话、执行与评价，同时有很多时间实现这些课堂内外的职责。总之，芬兰对教师具有很高的学术要求，但教师的教学方法还要非常灵活，且国家对教育具有很强的制度支持。

德国

德意志民族向来以理性、务实和逻辑性强著称，通过这样的教育理念和体系培养学生。德国讲究“自然教育”，他们认为，孩子有自身的成长规律，他们在不同的阶段要做不同的事。德国幼儿园有专门的情景训练，其中包括不同的生活环境、人际关系等。比起枯燥的应试教育，德国的教育喜欢让孩子去亲身感受，比如让孩子感受大自然、情景对话等。德国的教育目的是让孩子对任何事情都有自己的观点，而不是被书本知识禁锢思想和感受。

德国教育界的普遍观点是：如果太早强行教授所谓的知识，小孩子各方面并不成熟，没有思辨能力，最后变成背书和读书机器。因此德国禁止设立先修学校，孩子们在上小学前，任何人都不可以对儿童进行所谓的学前教育，比如跳舞、体操、读书、绘画、钢琴、外语、奥数之类的教学等都被禁止。那么小学前的孩子在幼儿园学什么呢？根据德国经济政策研究专家杨佩昌的总结，大致是如下 3 点：① 基本的社会常识，比如不允许暴力、不大声说话等；② 培养孩子的动手能力，让他们从小就主动做具体的事情；③ 培养孩子的情商，特别是领导力。强调顺从孩子的天性，主张给予孩子自由空间，让他们快乐成长。

到了德国，我们根本看不到铺天盖地的教育公司和补习班的招生广告，但不可否认的是，德国的教育水平是世界顶尖的，特别是它的职业教育和素质教育更是闻名世界。

德国一直实行“双元制”职业教育，职业中学学制 5 年，学生一部分时间在学校学习理论知识，一部分时间在企业实习，学生毕业后接受职业培训。没拿到职业中学的毕业证书很难找到职业培训岗位，没有进行职业培训不能上岗。职业教育可以说是建造德国高精工业的基础，为德国经济发展培养了大批训练有素和专业技能精良的职业人员，这一职业教育模式的成功为世界各国所推崇和借鉴。纵观历史，以“双元制”为代表的德国职业教育是成就德国世界工业强国的地位和保持富裕水平最为重要的手段。19 世纪末期德国工业化之时，主要凭借的就是发展职业教育，由此培养出大批高素质的技能人才，使得德国在工业化进程曾经远远落后于英法等国的情况下，能够实现快速赶超并跻身于发达国家的行列。二战后，德国能够从废墟上重新崛起，职业教育同样功不可没。正如德国前总理科尔曾经指出，发达的职业教育是德国在二战后经济腾飞的秘密武器。在 2008 年的经济危机爆发之后，德国失业率远远低于其他国家的平均水平。在德国，恰恰是大批经过多年打磨的技术工人和技术农民使德国产品闻名于世界，工人和农民的收入水平与其他阶层相差不多，在社会地位方面比较平等，德国家长也会支持孩子自己做出职业选择。

德国的中学按照教学质量分为文理中学、实科中学和职业中学，进行分流后，并非固定不变。文理中学的学生如果成绩跟不上，会留级或被建议去实科中学；实科中学成绩特别好的学生，也可以就读文理中学；同样，职业中学成绩好的学生也可以进入实科中学。总之，学生可以在各类中学横向流动，其决定因素还是成绩。所以在德国，主要就是小学和大环境不给孩子增加过大压力。德国约有8800万人口（其中600万为常住外国人），却有公立大学300多所。在大学阶段，老师除了告诉你参考书籍，能教给学生的就是学习的思考方式，因为只有自己独立思考才是获得知识的重要途径。

“师范类”专业在德国是“限制专业”，即“录取名额限制”。平均一个师范生从进入大学到成为一名正式教师，平均要花费10年左右的时间。师范生在成为“老师”前，要参加两次难度很高的国考，进行“知识与技能”的鉴定和“经验与能力”的验证。在成为正式教师前，他们起码要有两三年的教学实践和培训。无论是大学教授，还是中小学教师，他们都是终身制的，且享受公务员待遇。

德国教师在职进修包括多方面内容，如教学法、教育科学、社会问题等。这使得教师的教学能力得到提高，知识结构得以完善。

说德国人的教育，还应提及他们十分发达的社会教育设施。众多的图书馆、博物馆、画廊和歌剧院，这些设施中大多数全年都对大、中、小学生免费开放。这些公共设施对促进青少年的身心发展十分有益。这个国家，凭 8800 余万人口基数就包揽了全球一半的诺贝尔奖，也造就了 23000 多个世界知名品牌，让“德国制造”成为世界品质的代名词。

三、未来中国教育发展趋势

教育质量影响着国家的前途和命运，尤其在当前国际竞争越来越激烈的社会背景之下，综合国力的提升与否越来越取决于国民素质的高低。中国没有经历过工业革命的洗礼，但是中国在未来几十年，将继续在全球一体化与互联网的影响下，置身于思想意识的新浪潮中。中华民族要强大，首先我们的教育必须强大。

中国的社会经济发展将迈向新征程，教育事业也迎来了前所未有的转型发展关键期。在过去，校外培训机构的涌现，所需费用也节节攀升，使得高收入地区和家庭的学生与低收入地区和家庭的学生，在学习资源分配上，就开始体现出某种不公平性。“双减”政策之前，父母为了让孩子上好学校，花巨资买学区房，上培训班，而普通家庭没有足够的资金上好学校，这就导致了两极分化，阻碍了普通家庭的正常教育通道。同时，过高的教育成本投入，也成了今天城市中越来越多的适婚人群不愿结婚、生子的重要原因之一。

2021 年“双减”政策落实，拓展了孩子学习多种文化的机会，提升人文素养是孩子增加生命厚度、拓展人生宽度的加速器，也是孩子赖以生存的氧气。在“双减”政策的引领下，我国将逐步实行个性化教育，真正落实因材施教，实现人性启迪、思想启蒙与精神塑造，使人彰显和谐性、独特性与实践主体性的全面发展。“双减”政策是我国教育社会契约精神的集中体现，解决中小学生负担太重、短视化、功利性问题，是共同利益的承诺与坚守。生态文明教育在推动“双减”政策方面有着天时、地利、人和的独特优势。

生态文明教育将会成为中国实现 2035 年与 2050 年美丽中国愿景目标的重要奠基工程。教育部也先后发布文件对生态文明教育进行了整体部署，按照联合国教科文组织报告的最新要求，中国生态文明教育的意义在于：

其一，生态文明素养引领青少年有意义成长。

其二，生态文明时代绿色学校指数的重构与实施。

其三，生态文明教育帮助构筑教育社会契约。

中国教育有如下五个方面的发展趋向，值得我们关注和践行。

个性化教育

信息社会，对教育提出了个性化教育的时代要求。研究表明，中国孩子“教”得越多就越不好奇——10 岁的时候只有 32% 的人维持创新能力，15 岁有 10% 的人维持创新能力。教育已经从“规模化”教育，走向“个性化”教育。

个性化教育和我们中国古代圣贤孔子提出的“因材施教”是一致的，是指教师要从学生的实际情况、个别差异出发，有的放矢地进行有差别的教学，使每个学生都能扬长避短，获得最佳发展。个性化教育的一个显著标志是激发孩子主动学习的积极性，这比给孩子施加压力的效果要好得多。

个性化教育，是历史发展的必然结果。在古代，由于科学技术不发达，生产力水平低，主要是师傅教徒弟式的个别教育方式。到了工业革命时期，开始形成专业化协作的集体劳动方式，教育需求迅速扩大，以班级授课制为依托的规模化教育开始形成。现在进入信息化社会，以知识和人才为基础，以创新为主要驱动，在经济、社会、政治、生活等各个领域，表现出全面协调可持续发展的知识经济形态的新特征。信息技术的发展，将对教育产生革命性影响。

全能型高素质教师将成为主流

随着教育改革的推进，以前那种只会传播知识，只会教学生做题的教师将逐渐退出历史舞台。

孩子需要父母的呵护与感情的滋养，他们要成长得身心健康和优秀，需要教师和家长给他们爱与科学的养育方式。教师对“人”的发现与尊重，是对学生的人格、学习志趣的发现和尊重，学生根据自身的兴趣爱好和学习基础做出个性化选择。虽然我们提倡“德智体美劳全面发展”已有几十年了，但是并没有完全把德育真正落实在教学工作中。我们的教育曾经把提升孩子的学习成绩作为自己事业发展的最高目标，并且有些教育机构为了巩固这样的工作作风还设置有偿奖励。那些有想法进行素质教育的单位也不敢深耕学生的素质提升，害怕这样做会因在短时间内看不到教育的成果而受到家长的谴责，也加入到了“唯成绩是命”的大军中去。让学生背负着包袱向前奔命，为将来的生活埋下隐患。

需要老师实现观念和行为模式的转变，不是一件容易的事情。需要在以下方面进行努力：

第一，要承认学生之间是有差异的，能够用科学的方法判断出每个学生的学习特征，并将学生之间的差异作为教育的资源。这就要求老师对每一位学生都能花时间和精力用心观察他们的性格、爱好、特长和缺点，有针对性地帮助学生清晰认识自身在学科学习上的特点，为他们的定位和选择做好参谋，这就需要学校实行小班课了。

第二，依据学生之间的差异，对教学内容进行重新组合，对不同的学生采用不同的方法、学习不同的内容创造条件，帮助学生在已有的基础上拾级而上。这就要求教师对课程知识的掌握必须非常深入，并且懂得灵活思维对知识组合所发挥的作用。班级的设置也要改变，不能仅考虑年级的推进，还要考虑学生的水平是不是实现了跳跃式的发展。

第三，课堂不再是教师展现自身才华的舞台，而是鼓励学生发现问题、在同伴互助的过程中探索和解决问题的历程。教师要有一种思维和能力，做学生智力、能力和品质的引领者，善于提问，善于引导孩子健康成长。这对教师的素质要求更高，需要教师在美学、价值观、品德、知识架构等方面有广博和优质的修养。

第四，对学生的评价也不再局限于"成绩"这一把尺子。用这个单一的标准来衡量学生，无异于用一根绳索困住了学生的成长，让他们思维局限，不能全面发展，这和我们教育的目的相违背。

教学本身就是一种道德努力，在备课活动中，老师对学习材料的选择、教学流程的设计、教学形式的确定等决策过程中，处处都要体现道德的思考和实践，教师的言行应该总是体现着道德的标准，陶行知希望教师"学高为师，身正为范"，原因就在于此。

全民资源共享与广泛性阅读

已有越来越多的人意识到阅读的重要性，并逐渐加入阅读的行列中来，全民阅读的氛围将逐渐形成。书籍是人类进步的阶梯，每一本书都是作者凝结心血而作。读书可以使人更有智慧，生命会越来越完整、越来越完美。

教育如何面向未来？要教给孩子认识世界所必需的符号系统，包括文字及其语法、各种图形和数字符号、公民社会和自然世界所遵循的各种规则等。有了这样的符号系统，孩子们在需要的时候就可以自主进行阅读，查阅各种资料。

可以想象吗？在未来的数字化时代，人们可以很方便地使用图书馆、公共电脑数据库、商业和政府机构的有关资料、人文数据、教育数据等，这些资源都将被重新整合，分布于居住区和学校附近，成为全体居民可以自由查阅和使用的公共资源。无论是小孩还是大人，能够熟练使用公共图书馆查阅自己所需的资料是一项生活必备技能。

今天的人们还面对着一个新的挑战，就是数字化所带来的碎片式浅阅读。这是时代发展的必然趋势，我们不能总是批判，要注意碎片式浅阅读也有有利的一面，要充分利用其速度快、信息量大的优势，提升个体的信息分析和处理能力，以及文化判断能力，并把这种阅读和纸质书本的深度阅读有机结合起来。如果能够积极建立起亲子共读、师生共读的阅读过程，全民阅读的品质就会有更好的提升。

社会化融合

教育是一个人终身成长的课题，狭义的教育是指在学校范围内所进行的知识的传授和德育的培养；广义的教育是指对人产生正能量的思维传播。所以教育思维在我们的生活中时刻都在发生着。

未来的教育，可能有越来越多的课程是由社区、专家等组成的志愿者团队来辅导和实施的。学校可以向社会和企业征求在某领域有所专长的人成为学生们的导师，引导他们在该领域开展探索和研究，把实际的实习与课堂教学相结合，才能让职业教育发挥出应有的作用。

未来，因为社会文明程度的提升，未来的学校可能是一个开放的空间。学校里的大多数公共设施如体育场地、图书资料等都是和社区共享的，图书资料中绝大多数是数字版的，通过智能终端就可以方便地查询和阅读。未来的课堂教学，有很多将会在大自然、社区、工厂和企业的作业场所中进行。永恒的大自然、丰富的社会生活，为孩子们提供了丰富的课程资源。

未来的教育，应该给学生提供更多的职业生涯参考，并且建立职业规划体验馆，让人们快速找到最适合自己的工作。大家会越来越清晰地意识到，职业本身没有高低贵贱之分，只有适合与不适合的区别，这与人们的特长、爱好、智商等有关。成为一名技艺精湛的职业工人的成就感并不亚于名牌大学毕业生在工作中的经历与感受。事实上，大学毕业生也不一定在现实的工作中能取得令人瞩目的成就。但是，作为一名出类拔萃的职业工人同样可以被称为成功人士。

审美教育将占据重要位置

美是有力量的，没有美育的教育是不完整的教育。美术大师徐悲鸿的儿子徐庆平教授说，一个伟大的民族，一定是一个懂得审美的民族。审美教育将使一国国民的创造力和想象力高于他国。爱美的人生命力更加顽强，会把生活过得更加精致。我们应该教育我们的孩子爱美，热爱一切美好的事物，把自己打扮得漂漂亮亮，在最灰暗的日子里，也能够过得有声有色。无论是在精致还是粗糙的生活中，都不会影响我们对审美的认知和追求。

人类对于美有一种非常执着的渴望。人有感情需求和审美观是好事儿，可以让我们避开尘土和油腻。虽然在日常生活中每一个人所显示出来的对美的追求不一定被别人看到，但是我百分之百可以肯定每个人对于美都非常渴望，希望在自己的生活中遇到美，希望自己是美好的，希望自己能够创造美、实现美。审美的产生可以让人们生活得更快乐、更美好。当一个人面临美与丑的选择时，他一定会选择美。而这个美，一定会和高尚的品质、善良的心性产生共鸣。

审美力，是一个人的核心竞争力。审美教育的核心价值是培养学生对事物的感知能力、想象能力、审美感受能力、创造意识与创造能力。审美能力的发展，本身就是创造力的形成与发展。审美过程是情感解放的过程，受到压抑的深层心理活动，可随着情感的解放得到激活，自发性得到涌现，潜意识得到调遣，并上升到意识的表层，使之在同意识的融合中，形成完整的、良好的创造心理机制。一个人创造力的程度如何，直接取决于这种创造心理机制的形成。

美能够涤荡人的心灵，改变人的精神面貌。它能唤醒我们对内心的尊重，因而去尊重生活，这的确是我国现在提倡素质教育的目标。创造力就其实质来讲，是一种发现和解决新问题的持久活力。审美教育能够激发和丰富个体生命，使之具有自发涌动的创造欲望和动力、高度灵敏的创造能力、自觉创造价值的意识，为思维和实践等方面的创造力发展提供“源头活水”。

参考文献

[1] 赵刚，王以仁．中华家庭教育学 [M]．北京：中国出版集团、研究出版社，2016.

[2] 文颐，杨春华，邓祖丽颖．0 ～ 3 岁婴儿的保育与教育 [M]．北京：高等教育出版社，2016.

[3] 海灵格. 追寻生命的智慧 [M]. 北京: 世界图书出版公司，2020.

[4] 玛利亚·蒙台梭利. 蒙台梭利的家庭教育法 [M]. 王颖坡，译 . 武汉：华中师范大学出版社，2012.

[5] 埃尔德比约格·耶辛·保尔森. 天使在我家 [M]. 钟毛毛，译 . 天津：天津教育出版社，2014.

[6] 中华人民共和国教育部．3 ～ 6 岁儿童学习与发展指南 [M]．北京：首都师范大学出版社，2012.

[7] 埃迪蒙托·德·亚米契斯．爱的教育 [M]. 刘颖，译 . 北京：开明出版社，2018.

[8] 沙拉．特别狠心特别爱 [M]．南宁：接力出版社，

2010.
[9] 维尼弗里德·斯特娜．斯特娜夫人的自然教育法 [M]. 王颖坡，译 . 武汉：华中师范大学出版社，2013.
[10] 卡尔·威特．卡尔·威特的教育 [M]．王颖坡，译 . 武汉：华中师范大学出版社，2012.
[11] 鲍里斯·塞德兹．塞德兹的天才教育法 [M]. 王颖坡，译 . 武汉：华中师范大学出版社，2013.
[12] 徐泽民，洪晓琴．走进游戏 走近幼儿 [M]. 上海：上海教育出版社，2010.
[13] 尹建莉．好妈妈胜过好老师 [M]．北京：作家出版社，2014.
[14] 林巨 . 父母决定孩子成败 [M]. 北京: 九洲音像出版公司，2013.
[15] 周弘．赏识你的孩子 [M]．广州：广东科技出版社，2004.
[16] 张巧凤．哈佛剑桥全脑超能开发术 [M]．天津：天津科学技术出版社，2010.
[17] 王宇．成就孩子一生的 6 个关键期 [M]．北京：化学工业出版社，2009.

后　记

浅谈改变

我们在理解一个人的时候，也要结合其所处的时代背景。比如说中国古代的风俗习惯与社会规则，跟现在就有很大的不同，中国和欧洲、美国在不同时期的社会规则就很不一样。过去，学生在应试教育的体制下，千军万马过独木桥。凡是考上大学的学生，都深深领会了“竞争”二字的深刻含义。成人世界就更不用说了，无论企业还是事业单位等社会组织都明白竞争的威力，因为人人都会面对优胜劣汰的局面，只有拼尽全力才不会失业。“996”曾经盛行不衰，并且很多人引以为荣。在极度竞争的状态下，出现了严重的“内卷”现象，并且让很多行业受到了严重的影响。资源浪费，人员懈怠，以及应试教育给家长和学生带来的巨大压力和焦虑。现在需要打开新的局面，停止“内卷”，为人们争取更多自由的精神生长空间，增强学生的人文教育素质，加强人们对品质生活的体验与深耕。

在巨大的竞争漩涡影响下，传统的一些生活习惯被改变和弱化了。比如说传统的男耕女织、男主外女主内、光宗耀祖等观念都不同程度地受到了影响。但也许有一种看不见的东西，可以凌驾于社会规则和世俗标准之上，不同的人有不同的理解。当一个人感受不到内心的愉悦，领略不到生命的美好时，就是发现这个秘密的最佳时刻。这件事情的公平之处在于，人人都有这个机会。

我们一直说教育是面向未来的事业，但我们真的能精准预测未来会怎样吗？在20年之前，拿着手机上网曾经是很多人只敢想一想的事情。移动通信技术不断发展，彻底改变了人类沟通交流的方式，也改变了人类的生活方式，与之相对应的，是大量新兴职业的出现。今天最热门的十项工作，在十年之前根本是不存在的。未来的科学技术将把人类带到怎样的地步，估计很难有人能够做出精准的预测。

积极探索人性的人不仅属于自己，更属于全人类。所有不同种族的人在追寻人性之美的道路上是没有什么区别的。那些拥有美好人性的人们，总能经历美好动人的故事。优秀的人肯定是在人类的共性中寻找到了最丰富、最正能量的个性，并且融汇在人类的共性中造福自己和社会。植物不知道怎样表达美，于是就开花，它想要留下很多种子去繁衍，于是就结果子，留下种子。它可以活好多年，只要它愿意。长久保持一个姿势，也许它早已站成了一种执着的精神。人性是一个万花筒，可以自由生长永无止境，否则世界是多么的枯燥乏味。有的人以为人性的光辉是一个没有用和遥远的东西，但其实人性的光辉事关生死也不为过。人性的光芒就存在于生活中，创造与发现是点亮人性的幸运之手。

人生的美好就是在追求真善美的过程中，我们人性所散发出的光芒胜过一切。把人性的高贵做到极致，无论做什么职业，做什么事情，都会取得成就。我们应该落实人性高贵的一面，用爱与智慧把人性的丰富发挥到极致，用信念与力量把人性的光彩绽放到极致，用创新与奉献推动整个社会意识的不断进步。一些在现实中经历过考验并且散发出人性光辉的人们，有资格在自己所属的行业中有所建树。人性的净化与高贵是推动社会进步的一个重要因素，它能推动整个社会走向更高的文明！